Habib Dhahri

Algorithmes d'apprentissage incrémentaux du système neuronal bêta

Habib Dhahri

Algorithmes d'apprentissage incrémentaux du système neuronal bêta

Éditions universitaires européennes

Impressum / Mentions légales
Bibliografische Information der Deutschen Nationalbibliothek: Die Deutsche Nationalbibliothek verzeichnet diese Publikation in der Deutschen Nationalbibliografie; detaillierte bibliografische Daten sind im Internet über http://dnb.d-nb.de abrufbar.
Alle in diesem Buch genannten Marken und Produktnamen unterliegen warenzeichen-, marken- oder patentrechtlichem Schutz bzw. sind Warenzeichen oder eingetragene Warenzeichen der jeweiligen Inhaber. Die Wiedergabe von Marken, Produktnamen, Gebrauchsnamen, Handelsnamen, Warenbezeichnungen u.s.w. in diesem Werk berechtigt auch ohne besondere Kennzeichnung nicht zu der Annahme, dass solche Namen im Sinne der Warenzeichen- und Markenschutzgesetzgebung als frei zu betrachten wären und daher von jedermann benutzt werden dürften.

Information bibliographique publiée par la Deutsche Nationalbibliothek: La Deutsche Nationalbibliothek inscrit cette publication à la Deutsche Nationalbibliografie; des données bibliographiques détaillées sont disponibles sur internet à l'adresse http://dnb.d-nb.de.
Toutes marques et noms de produits mentionnés dans ce livre demeurent sous la protection des marques, des marques déposées et des brevets, et sont des marques ou des marques déposées de leurs détenteurs respectifs. L'utilisation des marques, noms de produits, noms communs, noms commerciaux, descriptions de produits, etc, même sans qu'ils soient mentionnés de façon particulière dans ce livre ne signifie en aucune façon que ces noms peuvent être utilisés sans restriction à l'égard de la législation pour la protection des marques et des marques déposées et pourraient donc être utilisés par quiconque.

Coverbild / Photo de couverture: www.ingimage.com

Verlag / Editeur:
Éditions universitaires européennes
ist ein Imprint der / est une marque déposée de
OmniScriptum GmbH & Co. KG
Heinrich-Böcking-Str. 6-8, 66121 Saarbrücken, Deutschland / Allemagne
Email: info@editions-ue.com

Herstellung: siehe letzte Seite /
Impression: voir la dernière page
ISBN: 978-3-8381-8765-5

Sommaire

Liste des figures

Liste des tableaux

Introduction

La classification est l'attribution d'une classe spécifique à un objet donné. Cette attribution a besoin d'un certain degré d'abstraction pour pouvoir extraire des généralités à partir des exemples dont on dispose.

Pour une machine, la classification des visages, de données médicales, de formes, sont toutes des tâches assez difficiles. Par exemple, dans le cas de la reconnaissance des caractères manuscrits, il est difficile d'énoncer une description générale qui tient compte de toutes les variations particulières de chaque caractère. Une autre approche qui peut être utilisée pour cette tâche est celle de l'apprentissage. Ainsi, le critère qui permet de décider si une image correspond ou non à une lettre ' A ' consiste à comparer si cette image est suffisamment similaire à des 'A' vus auparavant. De ce point de vue, on ne calcule pas la classification des caractères : elle doit être apprise à partir d'exemples.

Ces dernières années, de nouvelles techniques neuronales d'apprentissage ont été développées. L'apprentissage des réseaux de neurones se fait actuellement suivant deux approches: Certains algorithmes comme la rétropropagation du gradient ont besoin d'introduire a priori le nombre et la connectivité des unités cachées et de déterminer les poids des connexions par minimisation d'un coût. Le réseau ainsi obtenu est éventuellement élagué. Avec d'autres approches constructives, on apprend en même temps le nombre d'unités et les poids.

Le but de ce mémoire est de présenter des heuristiques pour générer, d'une manière constructive, des réseaux de neurones pour l'apprentissage. Elles permettent de générer des réseaux à une seule couche cachée complètement connectée aux unités d'entrés, et un neurone de sortie connecté aux unités cachées.

Pendant le processus d'apprentissage, des neurones cachés sont entraînés pour apprendre ces cibles qui vont diminuer l'erreur globale du réseau. Les réseaux ainsi bâtis ont généralement moins de paramètres (poids) et généralisent mieux que les réseaux entraînés avec d'autres algorithmes.

Le mémoire est organisé de la manière suivante :

- ♦ Chapitre1 : Nous présenterons les algorithmes à base de gradient pour l'apprentissage des réseaux de neurones à architecture fixe.
- ♦ Chapitre 2 : Nous étudierons les algorithmes constructifs pour l'apprentissage des réseaux de neurones à architecture variable.
- ♦ Chapitre 3 : Nous allons parler des algorithmes incrémentaux pour le système neuronal bêta.

Des comparaisons des résultats obtenus sur la base de l'erreur de généralisation et du nombre de paramètres du réseau et des conclusions sont présentées dans le même chapitre.

Une annexe complète le manuscrit qui décrit les algorithmes incrémentaux à base de gradient.

Chapitre 1

Algorithmes à base de gradient pour l'apprentissage des réseaux de neurones à architecture fixe

I.1 Introduction

Depuis l'apparition des réseaux de neurones à fonction de base radiale [10], les RBFN ont été largement utilisés dans plusieurs applications. Les résultats théoriques montrent leur interprétation en termes de systèmes et de méthodes accumulés.

L'architecture du RBFN a été présentée plusieurs fois sous des noms différents. Initialement présentée dans le travail de Moody et Darkhan [10]. Le support vecteurs machine (SVM) [6] réintroduit les RBFNs aussi dans la structure de la théorie d'apprentissage statistique et les algorithmes à base de noyau [11]. Finalement, les RBFNs peuvent aussi être placés dans la structure de processus basé sur l'apprentissage [9]. Par conséquent les RBFNs peuvent être regardés de plusieurs points de vue.

Les différentes interprétations du RBFN mènent plutôt aux différents algorithmes d'apprentissages. La distinction entre les algorithmes d'apprentissages à architecture fixe et les algorithmes à architecture incrémentale est pertinente. Les algorithmes d'apprentissage à architecture fixe modifient les paramètres du RBFN en fixant le nombre de fonctions de base. Par contre les algorithmes incrémentaux modifient le nombre de fonctions de base du réseau, en intégrant des actions qui se produisent dans l'initialisation et dans la phase du raffinage pour ces algorithmes.

Le but de ce chapitre est d'étudier les différentes interprétations du RBFN pour accentuer les propriétés du RBFN.

Ce chapitre est composé de deux parties complémentaires. La première partie fait l'objet de la littérature scientifique pour le RBFN, et le rapport entre le RBFN et d'autres méthodes et approches. La deuxième partie s'adresse aux différents algorithmes classiques utilisés pour l'apprentissage.

I.2 Architecture et propriétés de l'approximation

Les RBFNs correspondent à une classe particulière d'approximation de fonctions qui peut être formée, en utilisant un ensemble d'échantillons. Les RBFNs ont reçu une croissance évolutive depuis leur apparition [3,10], et maintenant plusieurs résultats théoriques sont disponibles.

I.2.1 Architecture des Réseaux à Fonction de Base radiale (RBFN)

La stratégie de l'approximation est utilisée par le RBFN pour approcher une fonction inconnue avec une combinaison linéaire de fonctions non linéaires, appelées fonctions de base. Les fonctions de base sont des fonctions radiales, c'est à dire ils sont symétriques par rapport aux centres.

Etant donné X un espace vectoriel, représentant le domaine de f à approximer, et x un point de X. La forme générale de RBFN est donnée par l'expression suivante :

$$\Phi(x) = \sum_{1}^{n} w_i e(\|x - c\|)_i$$

Avec e (z) est une fonction non linéaire radiale, c_i son centre, $\|x - c\|_i$ est la distance qui sépare le point x du centre c et w_i représente le poids.

On trouve plusieurs alternatives possibles pour le choix de la fonction e (z) : Gaussienne, sigmoïde, bêta [19].

I.2.2 Approximation universelle

Une propriété pertinente habituellement exigée pour une classe d'approximation est l'approximation universelle. Etant donné, une famille de fonctions d'approximation, il est important de caractériser la classe de fonctions qui peut être effectivement approchée. En général, un approximateur est dit universel s'il peut asymptotiquement approcher toute fonction intégrable avec un degré de précision désiré.

Hornik et al. [7] ont prouvé que tout réseau avec au moins trois couches (couche d'entrée, couche cachée, couche de sortie) est un approximateur universel menu d'une activation non Linéaire.

Les RBFNs sont semblables aux réseaux multicouches (MLP) du point de vue structure topologique mais ils adoptent une activation ayant un axe de symétrie.

4

La capacité de l'approximation universelle pour les RBFNs a été présentée dans [13,12], où le problème de caractérisation des genres de fonctions radiales qui entraîne le soutien de la propriété d'approximation universel a été adressé par Chen [4].

Du point de vue mathématique, la propriété de l'approximation universelle est affirmée habituellement en démontrant la densité de la famille d'approximateurs dans l'ensemble des fonctions désirées. Cela garantit l'existence d'un approximateur avec un grand nombre fini d'unités. Le résultat déclare seulement que cet approximateur existe. Cependant, il ne suggère pas une méthode directe pour le construire. En général, cette assertion est vraie, même quand la fonction est donnée explicitement. En d'autres termes, ce n'est pas toujours possible de trouver le meilleur approximateur dans une classe donnée même quand l'expression analytique de la fonction est donnée.

I.2.3 Le problème de l'approximation de fonctions

Si la fonction cible est booléenne ou continue, la tâche d'apprentissage du RBFN peut être déclarée comme un problème de classification ou un problème de régression.

Selon ce point de vue, l'apprentissage est équivalent à trouver une surface de l'espace multidimensionnel pour fournir le bon élément de l'espace d'apprentissage.

Broomhead et Lowe [4] sont les premiers qui explorent l'utilisation des RBFs dans le design du réseau de neurone. Micchelli[16] montre que le RBF peut produire une surface d'interpolation qui peut passer exactement à travers tout l'espace d'apprentissage. Poggio et Gorosi[22] voient que l'apprentissage du réseau RBF comme un problème mal-posé, dans le sens où l'information de la base d'apprentissage n'est suffisant que pour reconstruire uniquement la fonction dans les régions ou les données ne sont pas disponibles.

A partir de ce point de vue, l'apprentissage est lié étroitement à des techniques d'approximation classique.

Dans les deux cas, le problème peut être déclaré en général comme un problème d'approximation de fonctions exprimée formellement comme : Etant donné une fonction $g : R^n \rightarrow D$, un ensemble S d'échantillons (x_i, y_i) tel que $f(x_i) = y_i$, avec i varie de 1 à N et la fonction f est une projection topographique d'un domaine continu multidimensionnel X à un domaine $D \subset R$ (régression) ou $D = B = \{0,1\}$ (classification).

Cherchons un approximateur $\hat{g}$ de g qui minimise une fonction du coût $E(g, \hat{g})$.

L'exactitude de l'approximation est mesurée par la fonction du coût $E(g, \hat{g})$ (critère de l'approximation) qui dépend de l'ensemble d'exemples S. Dans le cas général, la solution dépend de S, du choix du critère d'approximation et de la classe de la fonction à approximer. En pratique, un choix commun pour la fonction coût est l'erreur carrée empirique :

$$Eemp = \sum_{i=1}^{N} (yi - \hat{g}(xi))^2$$ (I.1)

Sous quelques hypothèses restrictives, minimiser (I.1) est équivalent à trouver un approximateur qui maximise la probabilité de S.

Etant donné une famille d'approximateurs, trouver un approximateur optimal est équivalent à résoudre un problème d'erreur des moindres carrées.

I.3 Algorithmes d'apprentissage pour le RBFN

❑ Qu'est-ce que c'est l'apprentissage ?

L'apprentissage est le processus d'adaptation des paramètres d'un système pour donner une réponse désirée à une entrée quelconque.

❑ Comment formalise-t-on théoriquement le problème de l'apprentissage ?

Il est habituel de le présenter en utilisant le paradigme du professeur et de l'élève. De façon conceptuelle, on admet qu'il existe un professeur qui connaît la relation exacte entre toutes les entrées et leurs sorties, mais le réseau élève ne connaît pas cette relation (Figure 1). Si l'élève et le professeur sont exposés à une même entrée, le professeur est capable d'indiquer à l'élève la réponse désirée. Les paramètres (le nombre de neurones et les poids) de l'élève doivent être ajustés pour donner la même réponse que celle du professeur. Ce pendant, l'apprentissage est réalisé en général de façon itérative, en minimisant une mesure de l'erreur jusqu'à ce que le réseau-élève puisse émuler aussi bien que possible le professeur.

Entrée ζ

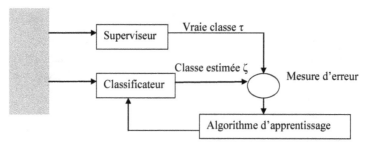

Figure 1. *Le paradigme du professeur élève d'apprentissage supervisé*

6

Comment se présentent les exemples dans les problèmes réels ? Nous n'avons que des données, dépendantes de chaque problème, et on suppose qu'il existe une fonction sous-jacente entre les entrées et les sorties. Ces données sont aussi connues comme des exemples d'apprentissage.

Nous représentons ces entrées par des vecteurs de N composantes $\xi = \{\xi 1, \xi 2,\ldots, \xi n\}$ qui appartiennent à un espace de dimension N, espace des entrées.

Ces composantes peuvent prendre des valeurs binaires, entières ou réelles, suivant le problème. La sortie correspondante est représentée par un scalaire γ.

Dans les problèmes de régression, γ prend des valeurs continues. En classification, chaque vecteur ξ appartient à une classe $\gamma = f(\xi u)$ et alors γ est une variable discrète. En principe, il est possible de traiter les problèmes de classification avec un nombre de classes quelconques.

I.3.1 Le sur-apprentissage

Dans les problèmes de régression, on fait souvent l'analogie avec la régression polynomiale : Un réseau de neurone qui dispose de peu de paramètres, (peu complexe) n'a pas assez de flexibilité pour apprendre les données correctement. C'est une situation qu'on appelle le sous apprentissage. Par contre, un réseau avec un nombre élevé de paramètres dispose de trop de flexibilité et on l'utilise pour apprendre toutes les particularités des données, est appelé le sur-apprentissage ou apprentissage par cœur.

Empiriquement, cette situation pourrait être évitée en cherchant le minimum d'erreur de généralisation sur un ensemble de validation (indépendant de l'ensemble d'apprentissage) et en arrêtant l'apprentissage avant la convergence du réseau (early stopping). Ainsi, on espère que les poids qui minimisent l'erreur sur l'ensemble de validation, généralisent mieux le système. Le sur-apprentissage est en rapport avec le lemme du biais/variance [40]. Mais ce lemme doit être considéré différemment en problèmes de régression et en problèmes de classification : En effet, une décomposition additive de l'erreur n'est possible que pour la régression [34] ; car en problèmes de classification la situation n'est pas la même parce que la mesure d'erreur n'est pas une fonction continue mais discrète puisqu'il s'agit de classes.

I.3.2 La régression

Un problème de régression peut aussi être traité comme un problème d'apprentissage supervisé. Si on suppose qu'il y a une certaine relation entre les entrées ξ et la sortie γ décrite par la fonction : $\gamma^\mu = f(\xi^\mu) + \eta^\mu$ (I.2)

Où η^μ représente le bruit (à cause des erreurs possibles des mesures) des échantillons, supposé de moyenne nulle et indépendant des ξ^μ. La fonction f est inconnue. Le problème consiste à approcher la fonction f en ne disposant que d'un ensemble d'apprentissage τ_α.

Au lieu de chercher une solution qui passe par tous les points (interpolation), on va plutôt chercher des solutions approchées avec un certain degré de tolérance ; c'est-à-dire, une régression.

Un problème d'approximation est mal posé [16] s'il ne vérifie pas toutes les conditions suivantes :

- ❑ Il existe une solution au problème.
- ❑ La solution est unique.
- ❑ La solution est stable : Des petites perturbations dans les entrées entraînent de petites perturbations de la solution.

Dans le cas de l'interpolation à partir d'un ensemble de données, il peut ne pas exister de solutions ; par exemple si deux vecteurs d'entrée égaux ont des sorties différentes.

En outre, l'information présente peut ne pas être suffisante et finalement la solution trouvée peut s'avérer instable, comme dans le cas de l'approximation polynomiale.

La propriété de l'approximation universelle déclare qu'une solution optimale au problème de l'approximation existe : Trouver le minimum correspondant au coût de la fonction est le but donc des algorithmes d'apprentissage.

Dans la suite nous supposerons que le choix de la fonction de base e(z) a été déjà fait. Pour trouver le minimum du coût de la fonction, les algorithmes d'apprentissages doivent accomplir les pas suivants :

1) Choisir un espace de recherche (c'est à dire un sous-ensemble de l'espace du paramètre);

2) Choisir un point de départ de l'espace (initialisation).

3) Recherche du minimum (raffinement).

Un RBFN est complètement caractérisé en choisissant les paramètres suivants :

- ➢ Le nombre n de fonctions de base radiales,
- ➢ Les centres c_i et les distances $\|.\|_i$,
- ➢ Les poids w_i.

Le nombre n de fonctions radiales est un choix critique et selon l'approche, ce paramètre peut être fait à priori ou bien peut être déterminé d'une manière incrémental. En fait, les dimensions de l'espace du paramètre et, par conséquent, le nombre de familles d'approximateurs dépend de la valeur de n (nombre d'unités).

Nous appelons un algorithme qui commence avec un nombre fixe de fonctions radiales déterminé a priori, un algorithme statique ou fixe. Alors que celui -qui pendant le calcul- est capable d'ajouter un ou plus de fonctions de base, un algorithme dynamique ou incrémental. Un algorithme d'apprentissage statique est aussi paramétrique parce que la recherche de l'approximateur optimal correspond à la recherche de l'espace du paramètre définit par le nombre de fonctions de base radiales. Au contraire, les algorithmes d'apprentissage dynamique changent l'espace des paramètres dans lequel ils opèrent, en ajoutant ou en éliminant des fonctions de base radiales. Les algorithmes d'apprentissage sont aussi différents selon si l'ensemble d'échantillons S est complètement disponible avant le processus d'apprentissage (apprentissage off-line) ou s'il est donné échantillon par échantillon pendant l'apprentissage (on-line).

Dans le cas précédent, l'apprentissage off-line est possible alors que dans l'autre cas, l'apprentissage on-line est exigé. Bien que les algorithmes statiques puissent être adaptés pour les deux types d'apprentissage. L'application d'apprentissage dynamique est conçue seulement pour l'apprentissage on-line.

Les méthodes statiques pour l'apprentissage du RBFN à partir d'exemples sont basées sur deux étapes durant la procédure d'apprentissage. Premièrement chercher les centres et les largeurs (ouvertures) des fonctions de base et dans une deuxième phase, on détermine les poids. Chacun des deux types peut être fait au moyen de plusieurs stratégies différentes. Une procédure d'apprentissage habituelle utilisant les algorithmes statistiques de groupement, tel que k-means pour déterminer les centres et les largeurs associés aux fonctions de base alors les poids sont estimés en calculant les coefficients de la matrice du pseudo inverse ou bien, en évaluant l'erreur du gradient descendant.

Dans les paragraphes suivantes nous présenterons l'algorithme de la rétropropagation du gradient et quelques méthodes utilisées pour réduire la complexité du réseau.

I.4 Les algorithmes d'apprentissage classique

I.4.1 La rétropropagation

I.4.1.1 Equation du réseau

Avant de définir la règle d'apprentissage, on doit définir la relation entre les sorties du réseau d'une part, et les entrées et les poids d'autre part.

Dans un réseau à l couches ayant n entrées et m sorties, les états des différents neurones sont donnés par :

$$U_i^l(k) = f^l(p_i^l(k)) \tag{I-3}$$

$$\text{Avec} \quad p_i^l(k) = \sum_{j=1}^{Nl-1} w_{ij}^l U_j^{l-1}(k) \tag{I-4}$$

$i = 1, 2,3,...N_l$, $j = 1,2,3,...N_{l-1}$ et $q = 1,2,3,...N_{l+1}$

N_1 : Nombre de neurone de la couche l .

N_{l-1} : Nombre de neurones de la couche l-1.

N_{l+1} : Nombre de neurones de la couche l+1.

l : Nombre de couche .

$U_i^l(k)$: Sortie du neurone i de la couche l.

$w_{ij}^l(k)$: Coefficient synaptique(poids) de la $j^{\text{ème}}$ entrée du neurone (i) de la couche (l).

$$U_i^0(k) = X_i(k) \quad\quad i = 1,2,3,...n \tag{1-5}$$

$$U_i^l(k) = Y_i(k) \quad\quad i = 1,2,3,...m \tag{1-6}$$

Où $X_i(k)$ et $Y_i(k)$ sont respectivement les entrées et les sorties du réseau.

I.4.1.2 Principe de la rétropropagation

La rétropropagation est actuellement l'outil le plus utilisé dans le domaine de réseaux de neurones. C'est une technique de calcul des dérivés qui peut être appliquée à n'importe qu'elle structure de fonctions dérivables.

Mathématiquement, cette méthode est basée sur l'algorithme de gradient descendant et utilise les règles de dérivation des fonctions dérivables. Dans cette méthode, l'erreur commise en sortie du réseau sera rétropropagée vers les couches cachées d'où le nom de rétropropagation.

$$E(w)=\sum_{p=1}^{N}E_P(w) \tag{I-7}$$

Avec $Ep(w) = \dfrac{1}{2}\sum\limits_{i=1}^{m}\left[y_i^d(k) - y_i(k)\right]^2$ (I-8)

yd(k) est le vecteur de sortie désirée, y (k) est le vecteur de sortie du réseau et n le nombre d'exemples.

L'approche la plus utilisée pour la minimisation de la fonction E est basée sur la méthode du gradient. On commence l'entraînement par un choix aléatoire des vecteurs initiaux du poids.

On présente le premier vecteur d'entrée, une fois on a la sortie du réseau, l'erreur correspondante et le gradient de l'erreur par rapport à tous les poids sont calculés. Les poids sont alors ajustés. On refait la même procédure pour tous les exemples d'apprentissage. Ce processus est répété jusqu'à ce que les sorties du réseau soient suffisamment proches des sorties désirées.

I.4.1.3 Adaptation des poids

L'adaptation des poids se fait par la méthode du gradient basée sur la formule itérative suivante :

$w_{ij}^l(k+1) = w_{ij}^l(k) - \Delta w_{ij}^l$ (I-9)

$\Delta w_{ij}^l = lr \cdot \dfrac{\partial E(w)}{\partial w_{ij}^l(k)}$ (I-10)

Où k : Représente le numéro d'itération.

lr : Est une constante appelée facteur ou pas d'apprentissage.

La vitesse de convergence dépend de la constante lr. Sa valeur est généralement choisie expérimentalement.

La dérivée de la fonction de coût par rapport au poids w_{ij}^l est donnée par :

$\dfrac{\partial E(w)}{\partial w_{ij}^l(k)} = \dfrac{\partial E_P(w)}{\partial U_i^l(k)} \cdot \dfrac{\partial U_i^l(k)}{\partial w_{ij}^l(k)}$ (I-11)

$\dfrac{\partial E(w)}{\partial w_{ij}^l(k)} = \dfrac{\partial E_P(w)}{\partial U_i^l(k)} \cdot \dfrac{\partial U_i^l(k)}{\partial w_{ij}^l(k)}$ (I-12)

Pour la couche de sortie

$\dfrac{\partial E_P(k)}{\partial U_i^l(k)} = -(y_i^d(k) - y_i(k))$ (I-13)

Pour les couches cachées :

$$\frac{\partial E_p(k)}{\partial U_l^l(k)} = \sum_{q=1}^{N_{l-1}} \frac{\partial E_p(w)}{\partial U_q^{l+1}(k)} \cdot \frac{\partial u_q^{l+1}(k)}{\partial U_l^l(k)} \qquad \text{(I-14)}$$

$$\frac{\partial U_l^l(k)}{\partial w_{ij}^l} = f^{l'}(P_l^l(k) \cdot U_j^{l-1}(k)) \qquad \text{(I-15)}$$

Donc l'expression (1-10) s'écrit sous la forme :

$$\frac{\partial E_p(w)}{\partial w_{ij}^l} = \frac{\partial E_p(w)}{\partial U_j^l(k)} \cdot f^{l'}(P(k)) \cdot U_j^{l-1}(k) \qquad \text{(I-16)}$$

Pour minimiser l'erreur totale sur l'ensemble d'entraînement, les poids du réseau doivent être ajustés après la présentation de tous les exemples.

I.4.1.4 Algorithme de la rétro propagation

Etape 1 : Initialiser les poids w_{ij}^i et les seuils internes des neurones à des petites valeurs aléatoires.

Etape 2 : Calculer le vecteur d'entrée et de sortie désirée, correspondant.

Etape 3 : Calculer la sortie du réseau en utilisant les expressions (I-3) et (I-4)

Etape 4 : Calculer l'erreur de sortie en utilisant l'expression (I-7)

Etape 5 : Calculer l'erreur dans les couches en utilisant l'expression (I-14)

Etape 6 : Calculer le gradient de l'erreur par rapport aux poids en utilisant l'expression (I-16)

Etape 7 : Ajuster les poids selon l'expression (I-9).

Etape 8 : Si la condition sur l'erreur ou sur le nombre d'itérations est atteinte, aller à l'étape 9, sinon aller à l'étape 2.

Etape 9 : Fin.

Les exemples sont présentés d'une manière récursive, lorsque tous les exemples sont présentés, le test s'effectue sur l'erreur de sortie et les poids sont ajustés au fur et à mesure, jusqu'à ce que l'erreur de sortie se stabilise à une valeur acceptable.

I.4.2 Accélération de la rétropropagation

Bien que l'algorithme de rétropropagation soit le plus utilisé pour l'apprentissage supervisé, son implémentation se heurte de plusieurs difficultés techniques. Il n'existe pas de méthodes permettant de :

- Trouver une architecture appropriée (nombre de couches, nombre de neurones).
- Choisir une taille et une qualité adéquate d'exemples d'entraînement.
- Choisir des valeurs initiales satisfaisantes pour les poids, et des valeurs convenables pour les paramètres d'apprentissage permettant d'accélérer la vitesse de convergence.

Le problème de la convergence vers un minimum local, empêche la convergence et cause l'oscillation de l'erreur.

Plusieurs approches ont été proposées pour remédier ces problèmes. Une des techniques d'accélération est celle de la création dynamique des neurones (qui sera traitée plus tard), un neurone est ajouté chaque fois que l'erreur se stabilise à un niveau inacceptable.

Dans les paragraphes suivants, on va étudier d'autres méthodes qui sont plus efficaces et qui deviennent actuellement les plus employées dans le domaine des réseaux de neurones.

I.4.2.1 La méthode du gradient descendant

Il existe plusieurs algorithmes de rétropropagation. Le plus simple consiste à changer les poids et les biais du réseau dans le sens où la fonction d'erreur diminue (le négatif du gradient)[24] .

$$w_{k+1} = w_k - dw_k \qquad\qquad\qquad (I\text{-}17)$$

$$dw_k = lr * \varphi_k$$

w_k: Vecteur des poids et des biais courants.

φ_k : Gradient courant.

lr: Pas d'apprentissage.

I.4.2.2 La méthode du gradient descendant avec le moment

I.4.2.2.1 Algorithme

$$w_{k+1} = w_k - dw_k \qquad\qquad\qquad (I\text{-}18)$$

$$dw_k = mc * w_{k-1} + (1-mc) * rl * \varphi k$$

w_k: Vecteur des poids courants.

φ_k : Gradient courant.

lr: Pas d'apprentissage.

mc : Moment.

L'ajout du moment permet au réseau d'ignorer les petites fluctuations dans la surface d'erreur et de réduire le risque de tomber dans un minimum local. Pour limiter l'ignorance des petites fluctuations, on introduit un nouveau paramètre appelé ratio de performance (max_perf_ratio = 1.04). Si la fonction d'erreur E(k) dans une itération donnée, excède la fonction d'erreur (appelé aussi la fonction de performance) dans l'itération précédente par plus d'un rapport prédéfini, les poids et les biais sont écartés et le moment est mis à zéro.

Si $\dfrac{E(k)}{E(k-1)} \geq$ max_perf_ratio alors w_k écarté et mc =0.

L'algorithme de la rétropropagation reste le même, seulement on change la loi d'adaptation des poids en ajoutant le moment mc et en testant le rapport E(k)/E(k-1) à chaque itération[23].

I.4.2.3 Algorithme de la rétropropagation avec le moment

Etape 1 : Initialiser les poids et les seuils internes des neurones à des petites valeurs aléatoires (comprises entre -1 et 1) ainsi que le moment (mc=0.95 par défaut), le pas d'apprentissage lr (égale à 0.1 par défaut) et le paramètre max_perf_ratio (égale à 1.04 par défaut).

Etape 2 : Présenter le vecteur d'entrée et de sortie désirée correspondant.

Etape 3 : Calculer la sortie du réseau en utilisant les expressions (I-3) et (I-4).

Etape 4 : Calculer l'erreur de sortie en utilisant l'expression (I-7).

Etape 5 : Calculer l'erreur dans les couches cachées en utilisant l'expression (I-14).

Etape 6 : Calculer le gradient de l'erreur par rapport aux poids en utilisant l'expression (I-18).

Etape 7 : On teste :

Si $\dfrac{E(k)}{E(k-1)} \geq$ max_perf_ratio alors w_k écarté et mc =0 et aller à l'étape (2)

Etape 8 : Ajuster les poids selon l'expression (I-9).

Etape 9 : Si la condition sur l'erreur ou le nombre d'itération est atteinte, aller à l'étape 10, sinon aller à l'étape 2.

Etape 10 : Fin.

I.4.2.4 La méthode du gradient descendant avec un pas d'apprentissage variable

I.4.2.4.1 Principe

Avec le gradient descendant standard, le pas d'apprentissage est maintenu constant pendant l'entraînement. La performance de l'algorithme est très sensible au choix de la valeur du pas d'apprentissage, si celui-ci est mis à une valeur très élevée, l'algorithme oscille et

14

devient instable. Si le pas est très petit, l'algorithme risque de prendre une longue durée pour converger.

La performance du gradient descendant peut être améliorée si on permet de changer le pas pendant le processus d'entraînement. Un pas variable va laisser l'apprentissage le plus grand possible soit stable. Cet algorithme peut entraîner n'importe quel réseau si ses fonctions d'activations sont dérivables.

Les poids sont ajustés selon la loi du gradient descendant [23].

$$w_{k+1} = w_k - d\, w_k \qquad (\text{I-19})$$

$$dw_k = lr * \varphi\, k.$$

w_k : Vecteur des poids et des bias courants.

$\varphi\, k$: Gradient courant.

lr: Pas d'apprentissage.

A chaque itération, si l'erreur courante excède l'erreur dans l'itération précédente par plus d'un rapport prédéfini (max_perf_ratio = 1.04 par défaut), les poids et les biais sont écartés, de plus, le pas d'apprentissage est diminué en le multipliant par un nouveau paramètre appelé (lr_dec = 0.7 par défaut).

Si l'erreur actuelle est inférieure à l'ancienne :

$$\text{Si } \frac{E(k)}{E(k-1)} \geq max\_perf\_ratio$$

Le pas d'apprentissage est augmenté en le multipliant par le facteur (lr_inc=1.05 par défaut).

Cette procédure augmente le pas seulement à une extension où le réseau peut apprendre sans dépasser l'augmentation de l'erreur tolérée (max_perf_ratio), dans le cas où un grand pas provoquerait un apprentissage instable, le pas est diminué jusqu'à la stabilisation du processus d'apprentissage.

I.4.2.5 Algorithme du gradient conjugué

L'algorithme du gradient descendant ajuste les poids selon le négatif du gradient. Bien que l'erreur diminue rapidement dans ce sens, ceci ne produira pas nécessairement la convergence la plus rapide.

Dans les algorithmes du gradient conjugué [24], une recherche est effectuée le long des directions conjuguées produira en général une convergence plus rapide.

$$w_{k+1} = w_k + lr * p_k \qquad (\text{I.20})$$

w_k : Vecteur des poids et des biais courants.

P_k : Direction de recherche.

lr : Pas d'apprentissage.

I.4.2.5.1 La mise à jour de Fletcher-Reeves

Tous les algorithmes du gradient descendant commencent par la recherche de la direction conjuguée pk. Ce dernier est déterminé selon la méthode qu'on veut utiliser pour la mise à jour des poids, parmi lesquelles on peut citer :

La méthode de Fletcher-Reeves, Polak-Ribiere … etc .

La direction conjuguée est mise initialement au négatif du gradient, donc pour la première itération on a: $P_0 = -\psi_0$ $\qquad$ (I-21)

La recherche de la direction suivante pour localiser le minimum dans la surface d'erreur est égale au conjugué de la recherche précédente, pour la déterminer il faut combiner le gradient courant avec la recherche de direction précédente.

$P_k = -\psi_k + \beta_k * P_{k-1}$

Pour la méthode de Fletcher-Reeves, Polak-Ribiere [23], on prend $\qquad \beta_k = \dfrac{\psi_k^T \times \psi_k}{\psi_{k-1}^T \times \psi_{k-1}}$.

Cette méthode représente le rapport de la norme carrée du gradient courant à la norme carrée du gradient précédent.

Les algorithmes du gradient conjugué sont en général plus rapides que ceux du pas d'apprentissage variable. Cet algorithme exige seulement un peu plus de zone mémoire que les algorithmes simples. Cependant cet algorithme présente un bon choix pour les réseaux qui ont un grand nombre de poids.

I.4.2.5.2 Algorithme de Fletcher-Reeves

Etape 1 : Initialiser les poids et les seuils internes des neurones à des petites valeurs aléatoires (comprises entre -1 et 1), ainsi que le pas d'apprentissage lr = 0.1 (par défaut).

Etape 2 : Présenter le vecteur d'entrée et de sortie désirée correspondant.

Etape 3 : Calculer la sortie du réseau en utilisant les expressions (I-3) et (I-4).

Etape 4 : Calculer l'erreur de sortie en utilisant l'expression (I-7).

Etape 5 : Calculer l'erreur dans les couches en utilisant l'expression (I-14).

Etape 6 : Calculer le gradient de l'erreur par rapport aux poids en utilisant l'expression (I-16).

Etape 7 : Mettre la direction de recherche égale au négatif du gradient pour la première itération selon l'expression (I-21)

Etape 8 : Ajuster les poids selon les expressions (I-19).

Etape 9 : On teste :

- Si le nombre d'itérations égale au nombre de paramètres (poids et biais) du réseau alors on remet la direction de recherche au négatif du gradient.

Etape 10 : Si la condition sur l'erreur ou le nombre d'itération est atteinte, aller à l'étape 11 sinon aller à l'étape 2.

Etape 11 : Fin.

I.4.2.5.3 Le retour au gradient descendant de Powell-beale

Pour tous les algorithmes du gradient conjugué, la recherche de la direction est remise au négatif du gradient périodiquement. Le point de remise au négatif du gradient se présente lorsque le nombre d'itération est égal au nombre des paramètres du réseau (poids et biais). D'autres méthodes de remise au négatif du gradient peuvent améliorer l'efficacité d'entraînement, une de ces méthodes proposées par Powell consiste à remettre le gradient conjugué égal au gradient descendant s'il existe une petite orthogonalité entre le gradient courant et le gradient précédent.

$$\left| \Psi_{k-1}^{T} * \Psi_k \right| \geq 0.2 \left\| \Psi_k \right\|^2 \qquad (I-22)$$

Si cette condition est satisfaite, on met le gradient conjugué égal au gradient descendant.

I.5 Conclusion

Bien que la classification de données soit intrinsèquement une tâche discrète, elle peut être envisagée comme un problème d'approximation de fonctions, en attribuant des valeurs réelles aux classes à apprendre. Cette approche est utilisée par la rétropropagation du gradient, qui minimise l'erreur quadratique d'apprentissage du réseau. La fonction d'approximation doit être hautement non linéaire, car elle doit avoir une valeur constante dans le domaine de chaque classe, et présenter une grande variation aux frontières des classes. Avec l'algorithme de rétropropagation du gradient (RPG), on cherche des poids qui approchent cette fonction partout.

Avec la RPG, le nombre de paramètres requis pour apprendre la tâche n'est pas connue à priori. L'apprentissage avec un grand nombre de poids permet, au moins, d'approximer une grande variété de fonctions parmi lesquelles on espère de trouver la vraie solution. Mais il est difficile de minimiser une fonction de coût dans un espace de grande dimension.

Chapitre 2

Algorithmes constructifs pour l'apprentissage des réseaux de neurones à architecture variable

II.1 Algorithmes constructifs

Les heuristiques constructives pour la classification peuvent être groupées en deux classes, suivant qu'elles utilisent des unités cachées faisant des séparations linéaires, désormais appelées unités linéaires, ou des unités cachées à fonction de base radiale. Des algorithmes constructifs ont été proposés pour traiter des problèmes d'approximations de fonctions.

II.1.1. Heuristiques avec unités linéaires

II.1.1.1 Algorithme Tiling

Cet algorithme, proposé par Mézard et Nadal[26],permet de construire des réseaux de neurones par couche. On commence avec un perceptron simple, par exemple si une solution sans erreurs est trouvée, l'algorithme s'arrête. Dans le cas contraire, on gèle les poids du neurone, qui devient l'unité maîtresse, laquelle produit un certain nombre d'erreurs d'apprentissage. On rajoute des unités auxiliaires qui, avec l'unité maîtresse constituent la première couche cachée. Ces unités doivent apprendre des cibles pour remplir la condition de fidélité suivante : Deux exemples de classes différents doivent avoir des représentations internes différentes.

La couche suivante est bâtie en utilisant la même stratégie : Maintenant la première couche cachée joue le rôle de couche d'entrée. On construit l'unité maîtresse de la deuxième couche à laquelle on produit un nombre d'erreurs, puis on complète la couche avec des unités auxiliaires, et ainsi de suite. Le réseau va croître jusqu'à ce que- pour l'unité maîtresse d'une couche cachée- la valeur d'erreur s'annule, et cette unité sera donc, l'unité de sortie finale.

Plusieurs résultats en [26,27] montrent que l'algorithme est très gourmant en ressource (nombres d'unités et de couches cachées).

18

II.1.1.2 Algorithme sequential learning

Dans l'algorithme sequential learning, de Marchand et Al.[29], la première unité est entraînée pour séparer l'ensemble d'apprentissage en gardant un sous-espace « pur »,un sous espace qui contient des exemples d'une seule classe. Les exemples mal classés, s'il y en a, doivent se trouver dans l'autre sous-espace.

Chaque neurone rajouté est entraîné pour séparer les exemples qui sont mal classés, toujours avec cette contrainte, en gardant toujours un sous-espace « pur », libre d'erreurs. L'algorithme est difficile à mettre en œuvre pratiquement, car il n'est pas facile d'imposer la contrainte de pureté durant l'apprentissage.

II.1.1.3 Algorithme cascade-correlation

Un des algorithmes les plus connus est cascade-correlation, crée par Fahlman et Lebière [28], dans cette méthode, chaque unité cachée ajoutée est choisie parmi une collection de plusieurs unités à activation continue, entraînées pour apprendre la corrélation entre les sorties et les erreurs d'apprentissage. L'unité qui maximise cette corrélation est alors connectée aux entrées et à toutes les autres unités cachées déjà connectées au réseau. Falhman et al [30] utilisent l'algorithme rétropropagation pour entraîner chaque neurone.

II.1.1.4 Algorithme upstart

Cet algorithme a été développé par Frean[27].On considère, un perceptron qui a été entraîné sur un ensemble d'apprentissage. Ce perceptron peut commettre des erreurs du type :

- WON (wrongly-on) :L'unité répond $\zeta = +1$ alors la classe est $\tau = -1$.
- WOFF (wrongly-off) : L'unité répond $\zeta = -1$ alors la classe est $\tau = +1$.

Des unités filles X et Y sont rajoutées afin de corriger respectivement ce type d'erreur. Les ensembles d'apprentissage de ces unités sont déterminés de façon à ce que l'unité X (respectivement Y) soit active pour les exemples correspondants à une erreur de type WON (respectivement WOFF) et pas pour les autres. Les unités filles sont ensuite connectées à l'unité mère. Si les unités filles n'arrivent pas à corriger toutes les erreurs, alors elles peuvent à leur tour engendrer d'autres unités filles en suivant le même procédé.

II.1.2 Heuristiques avec unités sphériques

Les classificateurs à neurones sphériques ont été introduit par Cooper [34].Ils sont basés sur le stockage d'exemples représentatifs ou prototypes auxquels on associe un rayon d'influence du point. L'intérieur de l'hyper-sphère représente un domaine de décision associé à la classe du prototype qui est déterminée par son centre.

II.1.2.1 Algorithme restricted coulomb energy (RCE)

RCE a été développé par Reilly et al. [34]. Cet algorithme propose l'heuristique suivante : Si un exemple est à l'extérieur de toutes les hyper sphères existantes, il ne peut pas être classé. On rajoute alors un neurone. Par contre, si l'exemple se trouve dans les domaines de décision d'unités déjà existantes, on réduit le rayon des unités qui codent pour des classes différentes de celle de l'exemple. Eventuellement une nouvelle unité doit être rajoutée. L'apprentissage se poursuit jusqu'à ce que la procédure n'entraîne aucune modification : Ni création d'unités, ni réduction des rayons d'influence.

II.1.2.2 Algorithme Grow et Learn

Bien que l'algorithme Grow et Learn(GAL) [35] n'utilise pas des perceptrons sphériques, il est assez proche de RCE, au niveau d'architecture que par procédure d'apprentissage.

La différence avec RCE, réside dans une structure « Winner-Take-All » (WTA) ou le gagnant prend tout, qui remplace les rayons d'influences. Le WTA reçoit les sorties des unités cachées et calcule un vecteur de sortie qui vaut 1 pour la composante i telle que σi (largeur) est minimale, et -1 pour toutes les autres. Si on utilise comme critère d'activation la distance euclidienne entre le poids et l'exemple, l'ensemble de ces régions réalise une partition de l'espace selon un pavage de Voronoï [36].

Avec les algorithmes RCE et GAL, le nombre de prototypes crée, c'est-à-dire la complexité du réseau dépend de l'ordre de présentation des exemples à apprendre. Pour remédier à cela, Alpaydin [35] propose une amélioration appelée phase de sommeil, qui n'est autre qu'une phase d'élagage :On cherche à garder seulement les unités dont le domaine de décision contient des exemples proches des frontières entre les classes , en éliminant les neurones qui sont à l'intérieur d'une région d'influence d'une unité de la même classe. Les phases de sommeil et d'éveil (apprentissage) rendent le nombre final d'unités aussi que possible de l'ordre d'exemples présentés.

II.1.2.3 Algorithme de descente maximale (AMD)

La majorité des algorithmes proposés pour l'apprentissage des réseaux des neurones à fonction radiale utilisant la descente du gradient se servent d'hyper-sphères à fin d'assurer la distribution des nœuds surtout l'espace d'entrées. Cette méthode inclut un inconvénient majeur : Les hyper-sphères risquent de cacher des vecteurs de la base d'apprentissages qu'on peut qualifié de décisif pour l'apprentissage. AMD [67] est un algorithme incrémental qui utilise la descente du gradient dans l'ajustement des paramètres du réseau. Il cherche à recruter les vecteurs les plus influents sur l'évolution de l'apprentissage comme centres de nœuds cachés du réseau. Nous supposons ici que ces vecteurs sont ceux qui présentent l'erreur la plus importante. L'erreur est calculée comme étant la différence entre la sortie réelle du vecteur et celle désirée. En effet, ces vecteurs, lorsqu'ils sont recrutés, réduisent généralement l'erreur d'apprentissage de la qualité la plus importante. L'erreur que cet algorithme cherche à minimiser est l'erreur globale qui est la somme des erreurs de tous les vecteurs de la base. L'algorithme cherche aussi à optimiser le temps d'apprentissage. En effet, il gagne tout le temps pouvant être pris par des ajustements inefficaces.

Les étapes de l'algorithme AMD :

Au début, le réseau ne contient aucun nœud et la sortie est fixée à 0.

— Etape 1 : Initialisation :

Cyc = 1, n = 0.

Où Cyc est le numéro du cycle d'apprentissage, n représente le nombre de nœuds cachés.

— Etape 2 : Les cycles de synthèse :

- Etape 2.1. Sélection : L'erreur d'apprentissage est mesurée pour chaque vecteur p de la base d'apprentissage $e(p) = |t(p) - y(p)|$ et le vecteur ayant la plus grande erreur est sélectionné.

- Etape 2.2. Recrutement : Le nombre de nœuds cachés est incrémenté ($n = n + 1$) et le vecteur sélectionné win est recruté comme le centre d'un nouveau nœud ($c(n) = x(win)$) où x(win) est le vecteur d'entrée sélectionné. L'ouverture de la fonction d'activation gaussienne est initialisée à sa valeur initiale SIGMA_INIT ou égale à une fraction de la distance séparant le centre du nouveau nœud de celui du nœud le plus proche ($\sigma(n) = \chi|c(n) - c_{proche}|$). Le poids est initialisé à la différence entre la sortie désirée et la sortie réelle ($w(n) = t(win) - y(win)$).

- Etape 2.3. Ajustement des paramètres : Après chaque paquet d'itérations, err_decrease (Err_decrease=last_err-new_err)/last_err) est comparée à la valeur seuil,

21

l'apprentissage de la structure présentée est arrêté lorsque err_decrease est inférieure à la valeur du seuil.

- Etape 2.4. Test des performances du réseau : Si l'erreur du réseau, est inférieure à err_max, la valeur limite prédéfinie de l'erreur, dans ce cas on passe à l'étape 3 (Convergence). Sinon on passe à l'étape 2.5.

- Etape 2.5. Test du nombre de cycles : Si Cyc ≤ MAX_CYC: le nombre maximal de cycles autorisés, alors Cyc = Cyc + 1, puis étape 2.1. Autrement, on passe à l'étape 3.

— Etape 3 : Arrêt

La figure suivante résume les étapes de l'algorithme AMD.

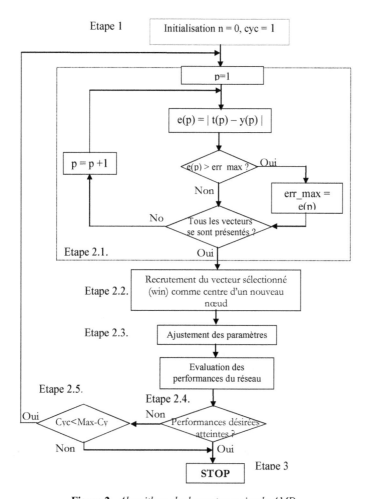

Figure 2. *Algorithme de descente maximale AMD*

II.1.2.4 Algorithme Hierarchically Structural Self Organizing Learning (HiSSOL)

L'algorithme HiSSOL [69] utilise la technique de la descente du gradient dans l'ajustement des paramètres du réseau. Il cherche à construire un réseau qui a la meilleure combinaison : Nombres de nœuds cachés, généralisation et temps d'apprentissage. Après chaque nouveau recrutement d'un nœud caché, l'algorithme ajuste les paramètres du réseau de manière à minimiser l'erreur globale sur l'ensemble des vecteurs de la base d'apprentissage.

L'opération d'apprentissage se fait sur plusieurs cycles successifs. Chaque cycle contient une première phase de sélection d'un vecteur de la base et son recrutement et une deuxième phase d'ajustement des paramètres du réseau. Dans la phase de sélection, l'algorithme évoque dans un ordre aléatoire tous les vecteurs de la base d'apprentissage. Si la différence entre la sortie désirée et la sortie du réseau concernant un vecteur est au-dessous d'une certaine valeur prédéfinie, c'est que le vecteur est presque appris et son recrutement n'a pas trop de chance de réduire considérablement l'erreur globale. Si au contraire l'erreur relative à ce vecteur est supérieure à la valeur limite, le vecteur subit un deuxième test qui consiste à voir s'il est à l'intérieur d'une hyperpère entourant l'un des nœuds, dans ce cas, ce vecteur a de forte chance d'être appris juste en ajustant les paramètres de la fonction Bêta, de plus, le recrutement de ce vecteur n'est pas très contribuant pour la généralisation, en effet, on a intérêt d'obtenir une bonne généralisation, de maximiser la distribution des nœuds sur tout le domaine d'entrée. Si le vecteur se trouve à l'extérieur de toutes les hypersphères, l'algorithme le recrute comme nouveau nœud et le couvre d'une fonction Bêta ayant les paramètres initiaux. L'algorithme passe ensuite à la phase d'ajustement des paramètres. A la fin de chaque cycle, l'algorithme vérifie si on atteint les performances prédéfinies ou si on dépasse le nombre de cycles autorisés pour arrêter l'apprentissage. L'algorithme peut se trouver dans des phases de sélection dans des situations où aucun vecteur ne peut être recruté. Dans ce cas, on réduit le rayon R des hypersphères pour donner chance à de nouveaux vecteurs. On réduit aussi la valeur minimale sur l'erreur exigée à chaque vecteur pour être recruté. Afin d'optimiser le temps d'apprentissage, l'algorithme évite les cycles peu contribuant concernant la réduction de l'erreur d'apprentissage. Il utilise la même technique que l'algorithme AMD. Il est important de remarquer ici que la marge d'erreur des vecteurs de la base doit être suffisamment haute de manière à donner plus de chance aux vecteurs les plus contribuant en point de vue réduction de l'erreur. Cette marge ne doit pas être trop élevée de manière à éviter les cycles où aucun vecteur ne peut être recruté où un très faible nombre de vecteurs se trouvent autorisés.

II.1.2.5 Algorithme de moindres carrés (OLS)

C'est l'algorithme des moindres carrés orthogonaux proposé par Chen [67].Dés sa publication en 1991, l'algorithme OLS fut appliqué dans différents domaines. C'est un algorithme qui peut être appliqué pour l'apprentissage statique et dynamique.

En appliquant l'algorithme OLS pour un nombre M de centres (fixé par l'utilisateur), on obtient les M vecteurs de la base d'apprentissage qui représente la contribution la plus importante. Pour ce type d'architecture (fixer le nombre de neurone avant la phase d'apprentissage), l'apprentissage se fait pour tout le réseau, contrairement au architecture dynamique (incrémentale), l'apprentissage se fait uniquement le nouveau nœud recruté.

L'algorithme cherche à déterminer le sous espace le plus approximatif de la fonction. En d'autres termes, il cherche à recruter l'ensemble minimal des vecteurs de la base d'apprentissage qui assurent le rapprochement voulu de la sortie désirée. Alors, il s'agit de la plus courte distance ou, comme l'ont voulu les auteurs de l'algorithme, du plus faible énergie entre la sortie désirée de toute la base et celle réalisée par le réseau.

L'idée consiste à déterminer l'apport de chaque vecteur de la base –non encore recruté-à l'énergie de la structure en cours et à choisir celui qui possède la plus importante énergie.

L'algorithme OLS se base sur la décomposition de Gram-Shmidt qui montre que pour chaque ensemble de vecteurs linéairement indépendants $u_1, u_{2,...,} u_n$ peut être converti en un ensemble de vecteurs orthogonaux $q_1,..., q_n$.

Tout d'abord il faut mettre $q_1 = u_1$, ensuite, chaque vecteur q_i est choisi orthogonal à $q_1,..., q_{i-1}$ En retranchant de u_i les composantes suivantes $q_1,..., q_{i-1}$. Soit :

$$q_i = u_i - \sum_{s=1}^{i-1} \frac{q_s^T u_i}{q_s^T q_s} \qquad \text{(II.1)}$$

Les seules informations dont l'algorithme tient compte sont les centres des vecteurs de la base et les sorties désirées correspondantes. A partir de ces vecteurs, il calcule directement les centres et les poids des nœuds cachés. Les seuls paramètres que fait entrer l'utilisateur sont les paramètres de la forme de la fonction d'activation et ρ le paramètre de test de fin de l'apprentissage. La méthode de cet algorithme dans la construction d'un réseau RBF à une seule sortie peut être décrite brièvement comme suit : Soit N le nombre des vecteurs de base ; et d le vecteur des sorties désirés ; $d= [d(1)...d(N)]^T$. Au début de l'algorithme on calcule le vecteur de la sortie P des nœuds cachés concernant M vecteurs candidats comme si tous les vecteurs avaient été recrutés, c'est la transformation non linéaire fixe :

$$P=[p_1,\ldots,p_n] \qquad (II\text{-}2)$$

Avec $p_i =[p_i(1),\ldots,p_i(N)]$, $\qquad 1\leq i\leq M$.

Ensuite, tout le travail de sélection de nœuds cachés et de définition des points correspondants se fait au niveau de la couche de sortie linéaire utilisant la technique de moindres carrés orthogonaux. L'algorithme calcule au début les projections $[err]_1^i$ des différentes vecteurs $p_i (1\leq i\leq M)$, chacun muni de son poids g_i sur le vecteur destinataire et sélectionne le vecteur $p_{i1}(w_1= p_{i1})$ qui a la plus grande projection :

$$[err]_1 = \max\{\,[err]_1^i, \quad 1\leq i\leq M\} \qquad (II\text{-}3)$$

la contribution relative du nœud à la sortie désirée est calculée comme suit :

$$[err]_1^{(i)} =(g_1^{(i)})^2 (w_1^{(i)})^T w_1^{(i)}/d^T d) . \qquad (II\text{-}4)$$

Le poids du nœud $g_1^{(i)}$ est calculé par la méthode des moindres carrés orthogonaux comme étant :

$$g_1^{(i)} = (w_1^{(i)})^T .d.((w_1^{(i)})^T w_1^{(i)}) . \qquad (II\text{-}5)$$

Nous rappelons que la somme des contributions relatives des n vecteurs de la base est égale à 1, ensuite, l'algorithme reprend la sélection de la même manière, avec petite modification qui consiste à retrancher des vecteurs pi leurs composantes suivant les vecteurs orthogonaux w_j déjà comme suit :

Soit k le numéro de l'étape actuelle :

$$\alpha_{jk}^{(i)}=w_j^T .p_i /(w_j^T w_j), \qquad 1\leq j\leq k \quad ; \qquad (II\text{-}6)$$

$$w_k^i = p_i - \sum_{j=1}^{k-1}\alpha_{jk}^{(i)} w_j \qquad \text{Gram-Schmidt} \qquad (II\text{-}7)$$

Le poids $g_k^{(i)}$ affecté à la composante orthogonale de la même manière comme dans (26), soit

$$g_k^{(i)} = (w_k^{(i)})^T .d.((w_k^{(i)})^T w_k^{(i)}) . \qquad (II\text{-}8)$$

L'algorithme est terminé dés qu'il y a eu recrutement des M nœuds cachés suffisants pour avoir :

$$1- \sum_{j=1}^{M}[err]_j \prec \rho \qquad (II\text{-}9)$$

Ceci veut dire que la somme des contributions relatives des vecteurs recrutés est à une distance ρ de la valeur maximale 1. $0< \rho < 1$ étant la tolérance choisie : Elle fixe l'équilibre rigueur -complexité du réseau final.

Pour retrouver les poids θ des nœuds à partir de poids des composantes orthogonal g, il suffit de résoudre :

$$A\theta = g \qquad\qquad (II\text{-}10)$$

Sachant qu'À est la matrice de transfert entre la matrice P et la matrice orthogonale w déduit de P.

II.1.2.6 Méthodes d'élagage

L'apprentissage par la méthode RPG donne lieu à des réseaux qui éventuellement peuvent être élagués, soit pendant l'apprentissage (méthodes de régularisation) soit après l'apprentissage. Ces méthodes permettent de réduire la complexité du réseau, avec l'espoir d'améliorer la capacité de généralisation.

II.1.2.6.1 Elagage pendant l'apprentissage

Les techniques de régularisation [51,44] permettent d'obtenir des réseaux moins complexes en ajoutant un terme de pénalité à la fonction de coût. L'idée consiste à équilibrer la fonction coût avec un autre terme $C(\vec{w})$ qui représente une mesure de la complexité du réseau. Le nouveau coût est :

$$\vec{E}(\vec{w}) = E(\vec{w}) + \lambda\, C(\vec{w}) \quad (3.9)$$

où λ est un coefficient de compromis entre l'importance attribuée au terme de complexité C par rapport à la mesure de l'erreur E. E et C sont donc des termes antagonistes pendant le processus d'apprentissage. Plusieurs termes de complexité ont été proposés [43,45]. Parmi eux on trouve *Weigth decay*, qui est l'une des méthodes les plus simples de régularisation, qui introduit des pénalités de la forme $C(\vec{w}) = \frac{1}{2}\sum_i |w_i|$ ou $C(\vec{w}) = \frac{1}{2}\sum_i w_i^2$ (l'indice i parcourt tous les poids du réseau, biais inclus). L'un des problèmes avec cette méthode, est qu'elle favorise le développement de plusieurs petits poids.

Dans la méthode d'élimination des poids (weigth elimination) [46], le terme de complexité est de la forme $C(\vec{w}) = \sum_i \|w_i\|^2 / (\vec{w}^2 + \|w_i\|^2)$, où $\vec{w}$ est un facteur de normalisation. En pratique, les poids peuvent ne pas être nuls, et on les élimine en choisissant ceux au-dessus d'un petit seuil D'autres techniques ont été proposées [45,44], mais dans tous les cas le paramètre, auquel la méthode de RPG semble être assez sensible, est difficile à régler.

II.1.2.6.2 Elagage post-apprentissage

D'autres méthodes simplifient les réseaux suivant la sensibilité de l'erreur à la suppression de poids ou neurones. Ils réalisent ainsi un élagage post-apprentissage. On commence, donc, avec un réseau surdimensionné et on le simplifie en suivant des critères de sélection des poids à éliminer. Ces critères deviennent plus simples à élaborer car l'élagage intervient lorsque l'algorithme d'apprentissage a convergé selon un critère choisi, et on utilise cet état comme une référence.

    ❑   Suppression des poids. L'un des critères les plus intuitifs pour mesurer l'importance d'un poids est sa valeur absolue : Les poids proches de zéro peuvent généralement être supprimés sans que ceci ait une influence sur le comportement du réseau. En pratique, on arrive à obtenir ainsi des résultats comparables à ceux d'autres méthodes d'élagage post-apprentissage [47].

    ❑   Optimal Brain Damage (OBD). Proposée par Le Cun et al. [48] cette méthode est fondée sur le calcul d'un terme de sensibilité correspondant à la variation moyenne de la fonction de coût entraînée par la suppression de chaque poids.

On peut supprimer les poids pour lesquel la sensibilité est inférieure à un seuil. Après l'élagage, le réseau n'est plus optimal, même s'il reste très proche d'un optimum, et il faut refaire quelques itérations d'apprentissage.

    ❑   Optimal Brain Surgeon (OBS). Proposée par Hassibi et Stork [49], ceci est une extension améliorée de la méthode antérieure. L'algorithme calcule, par une minimisation sous contrainte, les poids à supprimer et la mise à jour des paramètres restants. Elle est fondée sur le développement de Taylor mais ne suppose pas que la matrice Hessienne soit diagonale.

    ❑   Statistical Stepwise Method (SSM). Cet algorithme (Cottrell et al. [50]) permet d'éliminer les poids statistiquement non significatifs, seulement si le résultat du réseau est meilleur qu'un précède, selon un critère empirique de qualité.

Une difficulté des méthodes OBD et OBS est la détermination du seuil de sensibilité. De plus, les deux méthodes sont fondées sur un développement de Taylor au second ordre de la fonction de coût, qui n'est valide que pour des variations faibles des poids, c'est-à-dire, pour les suppressions de poids proches de zéro. Jutten et Fambon [45] et Hérault et Jutten [52] montrent que si l'on est dans un minimum local, les méthodes OBD, OBS et SSM peuvent sélectionner les mêmes poids.

II.1.2.7 Les algorithmes de groupement (clustering) :

L'algorithme d'apprentissage fait des groupements des vecteurs de la base d'apprentissage pour déterminer les centres des nœuds cachés du réseau RBF. Ceci est le cas de l'algorithme de quantification vectorielle (VQ) [53] et de l'algorithme K-moyens [54], [55] et[56] où les centres des classes sont utilisés comme centres des nœuds cachés. Dans l'algorithme K-moyens, l'appartenance de chaque vecteur à un groupe est binaire (appartient ou non). Bezdec [57] a proposé l'algorithme de groupement flou connu sous le nom C-moyens flou. La caractéristique principale est l'affectation à chaque vecteur de la base d'un degré d'appartenance aux différents groupes. Le résultat de cette partition floue est la constitution de n groupes de la même forme, dont les limites ne sont pas discrètes. D'autres nouveaux algorithmes de ce type sont proposés dans la littérature. Parmi eux, l'algorithme Mean tracking clustering [58] ; k-moyens récursif [59], median RBF[60] , etc Leonardis *et al.*, [61] reprochent, cependant, à ces algorithmes d'être sous optimaux du point de vue exactitude du résultat final, puisque le groupement est appliqué aux vecteurs d'entrée de la base d'apprentissage en ignorant les poids des nœuds de sortie. Dans d'autres algorithmes, le groupement est appliqué à des vecteurs obtenus par une concaténation du vecteur de sortie avec le vecteur d'entrée de la base muni de son poids [63] et [64]. On parle alors d'un groupement entrée-sortie (IOC : Input-Output Clustering). Les vecteurs résultants sont ensuite remis à l'échelle et projetés sur l'espace d'entrée pour obtenir les centres. Ainsi, la localité des centres dépend de la déviation des vecteurs de sortie en plus de la distribution des vecteurs d'entrée.

II.1.3 Autres algorithmes

Les algorithmes Glocal[37][38]et Growing cells[39] [40] proposent de couvrir l'espace des entrées avec des hypersphères de tailles variables contenant des exemples de la même classe. Glocal a l'idée intéressante de faire une première séparation avec un perceptron linéaire et ensuite de corriger les exemples mal classés avec des hypersphères. Il en résulte un réseau hybride à unités linéaires et sphériques. Ces approches terminent souvent avec un grand nombre d'unités cachées.

La méthode Covering Regiong by lineair Programmation Method [41] [42] est une procédure d'essai dans le but de choisir le type de neurone (appelé masque par les auteurs) le plus efficace parmi les hypersphères. Les paramètres des neurones sont déterminés par programmation linéaire.

II.1.4 Les algorithmes évolutionnaires

Les algorithmes évolutionnaires sont des méthodes de recherche stochastiques qui imitent la métaphore d'évolution biologique naturelle. Les algorithmes évolutionnaires opèrent sur une population de solutions potentielles qui appliquent le principe de survie du plus bonne pour produire les meilleures approximations à une solution. À chaque génération, un nouvel ensemble d'approximation est créé par le processus de sélection des individus d'après leur niveau d'aptitude dans le domaine du problème en utilisant un ensemble opérateurs emprunté de génétique naturelle. Ce processus mène à l'évolution de populations d'individus qui sont adaptés mieux à leur environnement que les individus qu'ils ont été créés, simplement comme une adaptation naturelle.

L'avantage de cette approche est le pouvoir d'identification du minimum global. Son inconvénient majeur est la complexité et la lourdeur du calcul [65] font une remarque intéressante concernant l'utilisation des algorithmes génétiques dans la synthèse des réseaux de neurones : Ils disent que lorsqu'il s'agit de recherche d'un seul paramètre, l'algorithme génétique peut converger vers le minimum global. Mais si l'algorithme doit déterminer tous les paramètres du réseau [65] et [66], il est difficile d'atteindre la solution optimale, et même une solution sous optimale lorsque le nombre de paramètres est élevé. En effet, l'espace de recherche augmente dramatiquement avec le nombre de paramètres.

II.1.5.Conclusion

La méthode de rétropropagation du gradient traite un problème de classification comme un problème d'approximation de fonctions, en minimisant un coût. Cependant, il est difficile de minimiser une fonction de coût dans un espace de grande dimension sans tomber dans des minimums locaux. En outre, l'architecture est déterminée par essai, ce qui est dépendant de l'expertise de l'utilisateur.

Les variations de la RPG par élagage pendant l'apprentissage, permettent de définir avec un réseau moins complexe, mais elles sont dépendantes de paramètres de régularisation difficiles à trouver. D'autre côté, les critères des méthodes de simplification après l'apprentissage sont difficiles à implémenter.

Nous avons montré l'état de l'art des heuristiques constructives pour la classification. Elles réduisent l'apprentissage à celui des unités individuelles. Ces heuristiques sont différentes dans les cibles à apprendre mais aussi dans les types de neurones.

Chapitre 3

Algorithmes incrémentaux pour le système neuronal Bêta

III.1 Introduction

Les réseaux de neurone artificiels peuvent être évalués en terme de capacité pour représenter correctement l'espace des entrées-sorties avec un apprentissage efficace d'un ensemble de données. Une représentation correcte de l'espace des entrées sorties dépend de la sélection de la configuration du réseau, comportant l'architecture du réseau, le nombre de neurones et le type de la fonction d'activation et la possibilité de l'algorithme d'apprentissage pour trouver les paramètres optimaux pour une configuration donnée.

La plupart des réseaux de neurones développés à ce stade s'intéressent à l'apprentissage des paramètres. Cependant, on peut trouver une méthode pour construire un réseau optimal, si l'algorithme d'apprentissage est capable de configurer automatiquement le réseau de neurone, en se basant sur le recrutement automatique des neurones.

Irie et Miyake(1988) ont montré qu'un réseau à trois couches cachées peut représenter une fonction arbitraire à condition que la fonction d'activation de la couche cachée est bornée et absolument intégrable.

Hornik ,Stinchcombe, et White(1989) prouve aussi qu'un réseau RBF peut être utilisé comme un approximateur universel.

Le théorème déjà mentionné concerne la capacité du réseau RBF comme un approximateur universel. Cependant, on doit examiner et soulever les points suivants :

❑ Quel est l'effet du nombre de neurone sur l'algorithme d'apprentissage ?

❑ Quel est l'effet de la fonction d'activation ?

Notons que n'importe quelle fonction absolument intégrable, comme les fonctions gaussiennes, sinusoïdal, sigmoidal, Bêta [20] qui peuvent approximer une fonction arbitraire.

Les réseaux de neurones à base radiale (RBF) sont toujours formés d'une fonction, un vecteur x_k à un vecteur y_k, avec le couple (x_k, y_k) appartient à l'ensemble d'apprentissage. Si cette application est considérée comme une fonction de l'espace d'entrées.

La performance du réseau RBF dépend du nombre de neurones, de l'ouverture de l'activation et des méthodes d'apprentissage. Les stratégies d'apprentissage actuel du réseau RBF peuvent être classées comme suit :

1- Stratégie de sélection des centres de manière aléatoire à partir de la base;

2- Stratégie employant la procédure supervisée pour la sélection des centres;

La plupart des algorithmes d'apprentissage pour le réseau RBF utilisent différentes approches pour l'ajustement du poids et des centres.

Dans le cadre de notre travail nous allons utiliser l'algorithme OLS (Orthogonal Least Square) pour la recherche des centres et des largeurs du réseau RBF respectivement. Le poids est déterminé par la méthode du gradient ou bien par la méthode de l'inversion de la matrice (pseudo-inverse).

Bien que l'algorithme du gradient descendant soit toujours une alternative pour l'apprentissage du réseau RBF. Cette approche est vue du coté de l'apprentissage rapide en séparant le calcul des centres et l'ajustement du poids. L'insistance sur la rapidité de convergence nous permet d'implémenter un algorithme d'apprentissage supervisé capable d'exploiter le potentiel du réseau RBF.

Dans ce chapitre, on va présenter une approche pour la construction du réseau RBF en se basant sur le gradient. La flexibilité de l'approche nous permet de sélectionner les centres du réseau RBF par plusieurs alternatives.

Notre contribution concernant les algorithmes d'apprentissage des réseaux de neurone bêta, consiste en deux stratégies d'apprentissage :

Une stratégie statique consiste à fixer le nombre de neurones avant la phase d'apprentissage et une deuxième stratégie dynamique cherche le nombre de neurones nécessaire pour l'apprentissage.

Pour les stratégies citées, on propose des approches d'apprentissage qui seront détaillées plus tard dans les paragraphes suivantes.

III.2 Architecture fixe

Dans cette stratégie, on utilise les techniques suivantes pour les réseaux de neurone à fonction de base bêta multidimensionnelle (RNFBB) :

❑ Centres par OLS et poids par gradient,

❑ Centres par OLS et poids par pseudo-inverse,

Pour cette approche, on fixe d'avance le nombre de neurones, puis on calcule l'erreur qui représente la distance entre la sortie réelle du réseau et celle désirée.

Le recrutement des centres est réalisé par OLS à partir de la base d'apprentissage. Chaque nœud de la couche caché est un neurone menu d'une fonction d'activation Bêta définie par les quatre paramètres suivants s_i, c_i, pi, q_i (du nœud i).

Le poids synaptique est la liaison entre le nœud de la couche cachée et celui de la sortie

$$B(x, xc, s, p, q) = \begin{cases} \left(\frac{1+(p+q)(x-xc)}{ps}\right)^p \left(\frac{1+(p+q)(xc-x)}{qs}\right)^q & \text{pour } x \in]x_0, x_1[\\ 0 & \text{Sinon.} \end{cases} \tag{3-1}$$

Avec $x_0 = xc - \frac{ps}{p+q}$, $\qquad\qquad\qquad\qquad\qquad$ (3-2)

$x_1 = xc + \frac{qs}{p+q}$. $\qquad\qquad\qquad\qquad\qquad$ (3-3)

Il a été démontré que RNFBB sont des approximateurs universels [20].

Pour un vecteur d'entrée x, la sortie de la j ^{eme} neurone

$Yj = \sum_{i=1}^{n} w_{ij} B_i(x)$ ou n est le nombre de neurone, w_{ij} est le poids du nœud i relatif à la sortie j et Bi est la fonction d'activation.

Dans le cadre de notre projet, nous travaillons dans le cas multidimensionnel avec Bi= $\prod_{k=1}^{dim} B_{ik}(x_k)$ ou dim étant la dimension de l'espace des entrées, x_k est la k éme composante de x. B_{ik} est la fonction bêta monodimentionnel.

$$B_{ik}(x_k, xc_k^i, s_k^i, p_k^i, q_k^i) = \left(\frac{1+(p_k^i+q_k^i)(x_k-xc_k^i)}{p_k^i s_k^i}\right)^p \left(\frac{1+(p_k^i+q_k^i)(xc_k^i-x_k)}{q_k^i s_k^i}\right)^q \tag{3-4}$$

Ou xc est la matrice dim*nbre_nœuds des centres du réseau,

s est la matrice dim*nbre_nœuds de l'ouverture des fonctions Bi,

p et q sont deux matrices dim*nbre_nœuds pour les paramètres de la forme de Bêta,

w est le vecteur poids des nœuds.

III.2.1 Centres par OLS et poids par pseudo-inverse

C'est un algorithme statique qui fixe le nombre de neurones avant la phase d'apprentissage. La sélection des centres se fait à partir de la base d'apprentissage, en recrutant les vecteurs les plus riches en connaissances. L'erreur est calculée comme étant la différence entre la sortie réelle du réseau et celle désirée divisée par cette dernière.

Erreur = norm(Y_d -Y)/norm(Y_d)　　　　　　　　　　　　　　(3-5)

Après avoir recruter la matrice des centres, on calcule les paramètres de la fonction d'activation bêta de la façon suivante :

III.2.1.1 L'ouverture de Bêta

- Calculer s initial comme étant la moyenne des vecteurs d'apprentissage,
- Trier les centres déjà calculés par OLS,
- Calculer les autres ouvertures comme étant la différence entre le centre courant et le centre le plus proche multiplié par un coefficient indiquant le taux de chevauchement entre deux neurones.

$$s = \chi \left| c_{cour} - c_{proch} \right|$$　　　　　　　　　　　(3-6)

III.2.1.2 Les paramètres de la forme de Bêta

Après avoir calculé l'ouverture de chaque fonction d'activation, on peut calculer les paramètres p et q.

D'après les équations (2) et (3) on obtient $\dfrac{xc - x_0}{x_1 - xc} = \dfrac{p}{q}$　　　　　　**(3-7)**

En fixant la valeur de p, on peut calculer la valeur de q.

$$q = p \left(\frac{x_1 - x_c}{x_c - x_0} \right)$$　　　　　　　　　　　(3-8)

Pour déterminer les poids {w_i} $1 \leq i \leq N$, on utilise l'équation suivante :

Y_d = W.B+w_0.　　　　　　　　　　　　　　　　　(3-9)

Où B désigne la matrice de sortie des neurones.

W est le vecteur des poids des neurones.

Voici un organigramme qui illustre l'algorithme précédent :

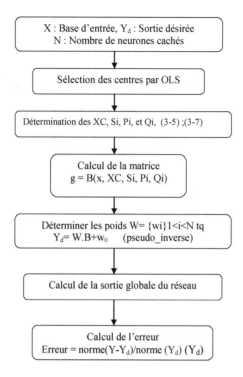

Figure 3. *Algorithme centres par OLS et poids par pseudo_inverse*

Nous avons testé les algorithmes à travers une simulation qui consiste à approximer la

fonction $f(x_1, x_2) = \dfrac{\sin(x_1^2 + x_2^2)}{0.1 + x_1^2 + x_2^2}$

La représentation graphique de cette fonction est :

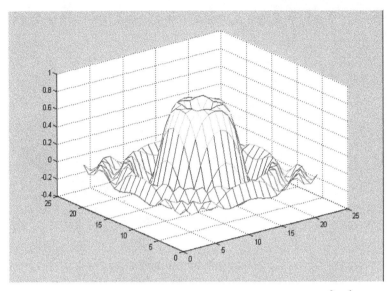

Figure 4. *La représentation graphique de* $f(x_1,x_2) = \dfrac{\sin(x_1^2 + x_2^2)}{0.1 + x_1^2 + x_2^2}$

La simulation de cet algorithme en prenant 100 vecteurs pour l'apprentissage, 100 vecteurs pour le test, un seuil d'erreur égal à 1% et un nombre de neurone égal 40 nous obtenons le résultat suivant :

Erreur d'apprentissage (%)	Temps d'apprentissage (s)	Erreur de test (%)	Temps de test (s)
1.7	2. 3	2	0.43

Tableau 1. *La simulation de l'algorithme centres par OLS et poids par pseudo-inverse*

Maintenant nous proposons de voir l'influence du nombre de neurones sur l'erreur d'apprentissage du réseau RNFBB à travers une simulation qui consiste à fixer le nombre de prototypes à 100 exemples et chercher l'erreur d'apprentissage et de généralisation.

Nombre de neurones	4	6	8	10	12	15	20	25	31	38	40
Erreur d'apprentissage	0.679	0.534	0.508	0.461	0.444	0.360	0.149	0.062	0.053	0.024	0.017
Erreur de test		0.806	0.711	0.640	0.631	0.618	0.439	0.288	0.158	0.079	0.026	0.020

Tableau 2. *Erreur d'apprentissage en fonction du nombre de neurones*

Voici les courbes qui montrent l'évolution de l'erreur d'apprentissage ainsi celle de généralisation en fonction de nombre de neurones.

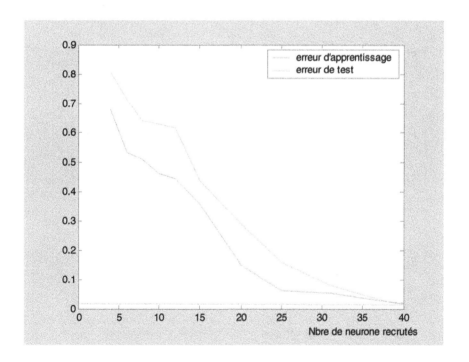

Figure 5. *Evolution de l'erreur en fonction du nombre de neurones*

On remarque bien que la pente de la courbe varie d'une manière considérable pour un nombre de neurone inférieur à 25, puis elle varie d'une manière moins importante en se rapprochant de 1%.

III.2.2 Centres par OLS et poids par gradient

C'est un algorithme statique qui fixe le nombre de neurones avant la phase d'apprentissage. La sélection des centres se fait par l'algorithme OLS.

Après avoir recruté la matrice des centres, on calcule les paramètres de la fonction d'activation bêta de la façon suivante :

III.2.2.1 L'ouverture de Bêta :

- Calculer **s** initial comme étant la moyenne des vecteurs de la base d'apprentissage,
- Trier les centres,

  1. Calculer les autres ouvertures comme étant la différence entre le centre courant et le centre le plus proche multiplié par un coefficient indiquant le taux de chevauchement entre deux neurones.

$$s = \chi \left| C_{cour} - C_{proch} \right|$$

$$(3\text{-}10)$$

III.2.22 Les paramètres de la forme de Bêta

Après avoir calculé l'ouverture de chaque fonction d'activation, on peut calculer les paramètres p et q.

D'après les équations (2) et (3) on obtient $\dfrac{x_c - x_0}{x_1 - x_c} = \dfrac{p}{q}$

En fixant la valeur de p, on peut calculer la valeur de q.

$$q = p \left(\frac{x_1 - x_c}{x_c - x_0} \right)$$

Les paramètres du réseau sont ajustés de la façon suivante. On a donc

$\Delta d = [\Delta x_c, \Delta s, \Delta p, \Delta q, \Delta w_t]$

Avec $\Delta x c_k^i = -\eta \frac{\partial E}{\partial x_c}$, $\quad \Delta s_k^i = -\eta \frac{\partial E}{\partial s}$, $\quad \Delta p_k^i = -\eta \frac{\partial E}{\partial p}$, $\quad \Delta q_k^i = -\eta \frac{\partial E}{\partial q}$,

k étant le numéro de la composante de la fonction d'activation Bêta de l' ieme nœud caché.

$$\Delta w_{ij} = -\eta \frac{\partial E}{\partial w_{ij}},$$

w_{ij} étant le poids de la connection reliant le ième nœud caché au jème de sortie :

$$\Delta w_{ij} = \sum_{tout\_vect} \eta(t_j - y_j)\beta_i$$

Soit

$$A_k = \frac{1}{q_k^l D_k^l - (q_k^l + p_k^l)(x_k - xc_k^l)}, \quad B_k = \frac{1}{p_k^l D_k^l + (q_k^l + p_k^l)(x_k - xc_k^l)}, \quad S_i = \sum_{j=1}^{n-out}(t_j - y_j)w_{ij}$$

Où t_j et y_j sont les jèmes composantes, respectivement, de la sortie désirée et de la sortie réelles, x_k est la k ème composante du vecteur d'entrée x et n-out est le nombre de nœuds de sortie.

$$\Delta x_{ck}^l = \sum_{tout-vects} \eta \beta_i (p_k^l + q_k^l)(q_k^l A_k^l - p_k^l B_k^l) S_i \tag{3-11}$$

$$\Delta D_{ck}^l = \sum_{tout-vects} \eta \beta_i \frac{(x_k - x_{ck}^l)}{D_k^l}(p_k^l + q_k^l)(q_k^l A_k^l - p_k^l B_k^l) S_i \tag{3-12}$$

$$\Delta p_{ck}^l = \sum_{tout-vects} \eta \beta_i \left(\ln(\frac{1}{B_k^l p_k^l D_k^l}) - q_k^l (x_k - x_{ck}^l)(A_k^l + B_k^l)_i \right) S_i \tag{3-13}$$

$$\Delta q_{ck}^l = \sum_{tout-vects} \eta \beta_i \left(\ln(\frac{1}{A_k^l q_k^l D_k^l}) + p_k^l (x_k - x_{ck}^l)(A_k^l + B_k^l)_i \right) S_i \tag{3-14}$$

Dans ces équations, nous avons omis d'inclure le vecteur x d'entrées dans les différentes fonctions pour faciliter les notifications. La preuve des équations de la descente du gradient ci-dessus se trouve dans l'annexe.

La simulation de cet algorithme en prenant 100 vecteurs d'apprentissage ,100 vecteurs pour la généralisation et un nombre de neurone égal 33 nous obtenons le résultat suivant :

Erreur d'apprentissage (%)	Temps d'apprentissage	Erreur de test (%)	Temps de test
2.7	54.14	3.2	0.34

Tableau 3. *La simulation d'algorithme centre par OLS et poids par gradient*

Voici les courbes qui illustrent l'évolution de l'erreur d'apprentissage ainsi celle de généralisation en fonction de nombre de neurones.

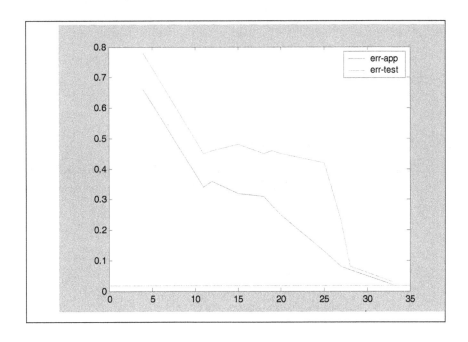

Figure 6. *Evolution de l'erreur en fonction du nombre de neurones*

III.3 Architecture incrémentale

III.3.1 Centres par OLS et poids par pseudo inverse :

C'est un algorithme dynamique qui utilise la méthode OLS pour la recherche des centres et la technique du pseudo inverse pour le calcul des poids. Il cherche à recruter les vecteurs les plus riches en connaissances non explorées. Cette technique commence avec un neurone, ensuite, elle procède par la construction du réseau par cycle.

Dans chaque cycle, on cherche à minimiser l'erreur globale du réseau, qui représente la différence entre la sortie du réseau et celle désirée divisée par cette dernière.

Erreur = norm(Y_d -Y)/norm(Y_d)

III.3.1.1 Les étapes de l'algorithme

L'algorithme commence avec un neurone.

    1. N=1;

N : le nombre de neurone et pr représente un prototype de la base.

Initialiser les paramètres de bêta (s, p, q)

Recruter le premier centre par OLS

2. Tester la performance du réseau :

Calculer l'erreur globale du réseau définie dans (3-5) et le comparer avec celle de l'erreur maximale à atteindre.

Si l'erreur du réseau est inférieure à err_max alors on arrête le processus d'apprentissage sinon passe à l'étape suivante.

3. Recrutement de nouveau centre.

Le nombre de nœuds est incrémenté, N= N+1, les paramètres de la fonction d'activation sont déterminés par (3-6) et (3-8)

Calculer les poids à partir de l'équation (3-9)

Calculer l'erreur d'apprentissage   (3-5)

Cette étape est répétée plusieurs fois jusqu'on arrive à la condition d'arrêt.

4. On arrête le processus d'apprentissage lorsque l'erreur du réseau est inférieure à celle de l'erreur à atteindre ou bien le nombre de cycle autorisé est atteint.

L'algorithme est illustré dans l'organigramme suivant :

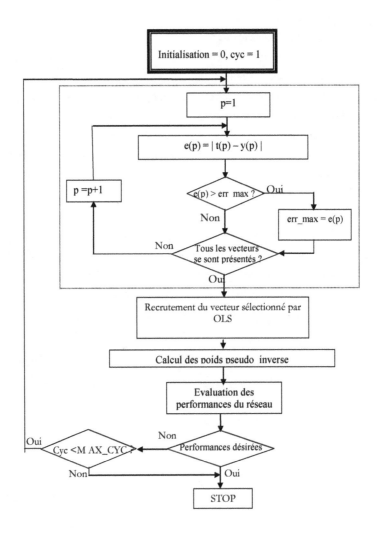

Figure 7. *Centres par OLS et poids par pseudo inverse*

L'algorithme utilise une base d'apprentissage contenant 100 vecteurs d'entrées-sorties distribués sur toute la base d'entrée. L'ouverture de la fonction bêta (noyau) est initialisée à la moyenne des vecteurs de la base d'apprentissage.

L'algorithme centres par OLS et poids par pseudo inverse construit 26 neurones avec une erreur de 1.7 %. 12.7 Secondes ont été suffisantes pour la convergence de cette approximation simulée sur un PC Pentium 4.

La figure suivante montre la représentation graphique de l'erreur d'apprentissage et celle de généralisation en fonction du nombre de neurones recrutés.

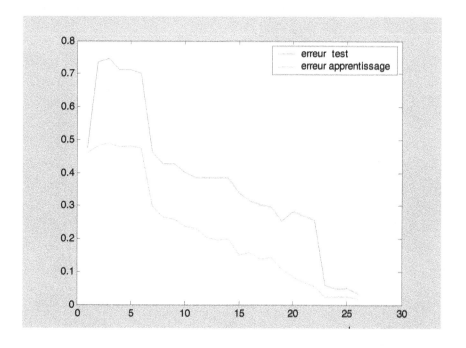

Figure 8. *Evolution de l'erreur d'apprentissage et de l'erreur de généralisation*

La figure précédente montre bien l'efficacité de l'algorithme de recrutement des nouveaux centres à partir de la base d'apprentissage. Après chaque nouveau nœud recruté, l'erreur du réseau diminue d'une manière considérable. De plus, on remarque que le temps de convergence est très rapide.

Le tableau ci dessous résume l'erreur de généralisation de l'algorithme précédent.

Nombre de prototypes	Erreur de généralisation	Temps de généralisation
100	3.2%	0.22

Tableau 4. *Généralisation de l'algorithme centres par OLS et poids par pseudo inverse*

La simulation de cet algorithme avec une base contenant 400 vecteurs d'apprentissage et 400 vecteurs de test nous donne une erreur d'apprentissage de 1.6 %, une erreur de généralisation de 2.18 %.

Le réseau RNFBB construit un réseau de 60 neurones dans un temps de 167.45 Secondes.

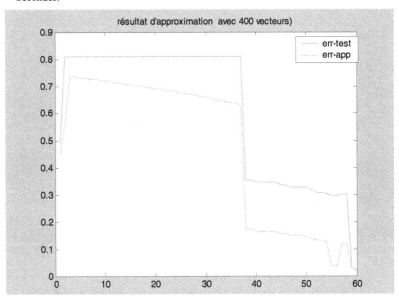

Figure 9. *Evolution de l'erreur d'apprentissage en fonction du nombre de neurones*

D'après la courbe précédente, on remarque que l'erreur d'apprentissage augmente au début de la phase d'apprentissage cela est due aux problèmes d'initialisation des paramètres du réseau.

44

III.3.2 Centres par OLS et poids par gradient

Cet algorithme est semblable à l'algorithme précédent au niveau de recrutement des centres. On applique les mêmes techniques pour l'initialisation des paramètres de Bêta (s, p, q) .

III.3.2.1 Les étapes de l'algorithme

L'algorithme commence avec un neurone.

1) $N=1$;

N : Le nombre de neurones et pr représente un prototype de la base d'apprentissage.

- Initialiser les paramètres de bêta (s, p, q).
- Initialiser le poids d'une façon aléatoire.
- Recruter le premier centre par OLS.

2) Tester la performance du réseau :

Calculer l'erreur globale du réseau définie dans (3-5) et le comparer avec celle de l'erreur maximale à atteindre.

Si l'erreur du réseau est inférieure à err_max alors on arrête le processus d'apprentissage sinon passe à l'étape suivante.

3) Recrutement de nouveau centre.

Le nombre de nœuds est incrémenté, $N= N+1$, les paramètres de la fonction d'activation sont déterminés par (3-6) et (3-8)

On calcule l'erreur d'apprentissage de chaque prototype :

$$err(pr)= |y_d(pr)-y(pr)| \tag{3-16}$$

Le poids est initialisé à l'erreur maximale :

$w (n) = \max (err(pr))$ avec $1 \leq pr \leq n$ avec n est le nombre de prototypes .

Si l'erreur du réseau est inférieure à celle désirée sinon on ajuste les paramètres selon les équations (3 -11), (3 -12),(3 -13) et (3 -14).

Cette étape est répétée plusieurs fois jusqu'arriver à la condition d'arrêt.

4) On arrête le processus d'apprentissage lorsque l'erreur du réseau est inférieure à celle de l'erreur à atteindre ou bien le nombre de cycle autorisé est atteint.

La figure suivante résume les étapes de l'algorithme :

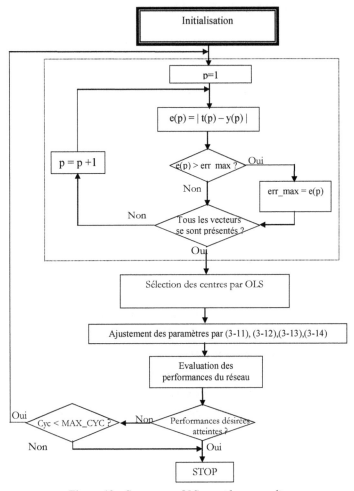

Figure 10. *Centres par OLS et poids par gradient*

La simulation de cet algorithme en prenant 100 vecteurs pour la base d'apprentissage et 100 prototypes pour le test construit un réseau de 37 neurones avec une erreur d'apprentissage de 1.9% et une erreur de généralisation de 2.7% :

La courbe suivante représente l'évolution de l'erreur d'apprentissage en fonction des itérations.

46

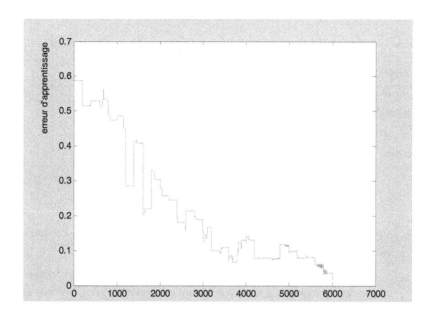

Figure 11. *Cycle d'apprentissage*

III.4 Comparaison des différents algorithmes

Dans ce cas nous avons appliqué les algorithmes d'apprentissage suivant, pour une base d'apprentissage de 100 prototypes et 100 vecteurs pour la généralisation présenté au réseau de neurones.

- Architecture fixe
    1. Centres par OLS et poids par pseudo inverse,
    2. Centres par OLS et poids par gradient,
- Architecture incrémentale
    3. Centres par OLS et poids par pseudo inverse
    4. Centres par OLS et poids par gradient,

	1	2	3	4
Erreur d'apprentissage (%)	1.7	2.7	1.7	1.9
Erreur de génération (%)	2	3.2	3.2	2.7
Nombre de neurone	40	33	26	37

Tableau 5. *Comparaison des différents algorithmes*

Dans cette partie nous allons donner des interprétations, relatives aux résultats décrits dans le tableau dressés précédemment sous forme de remarques :

•Les résultats présentés dans ce tableau indiquent bien la performance des algorithmes incrémentaux par rapport à celle des algorithmes fixes. En effets, les deux algorithmes incrémentaux synthétisent un réseau avec le minimum de neurones un taux d'erreurs performant.

•Le tableau montre clairement la supériorité de l'algorithme centres par OLS et poids par pseudo inverse par rapport à l'algorithme centres par OLS et poids par gradient dans une architecture variable.

•Les performances apportées par l'algorithme centres par OLS et poids par gradient sont mieux constatées si on travaille en haute dimension car la technique du pseudo inverse n'est pas valable pour une grande base d'apprentissage.

•La technique des moindres carrés orthogonale est meilleure par rapport à l'approche qui fixe les centres d'une manière aléatoire.

•La généralisation du réseau est très rapide (convergence rapide) dans les bonnes initialisations des paramètres.

•Pour diminuer le temps d'apprentissage c'est-à-dire éviter les itérations inutiles nous avons proposé de modifier la largeur de la fonction bêta pour couvrir toute la base d'apprentissage.

Chapitre 4

Conclusions et perspectives

Dans ce mémoire, nous avons présenté des algorithmes d'apprentissage constructifs permettant de générer des réseaux de neurone bêta à une couche cachée, pour l'approximation des données.

Le développement d'algorithmes constructifs comporte deux aspects, également importants. Le premier est la mise au point de l'algorithme d'apprentissage des unités que l'on sera amené à ajouter, et qu'on devra entraîner efficacement. Le deuxième est la mise au point d'une heuristique de construction intelligente. La défaillance de l'un ou de l'autre a pour conséquence la construction de réseaux trop grands, voire l'impossibilité d'apprendre et de généraliser correctement. Dans le travail décrit dans ce mémoire, nous avons contribué à ces deux aspects en proposant quatre algorithmes d'apprentissage d'un système neuronal bêta classés suivant deux architectures :

La première architecture consiste dans un premier temps de fixer le nombre de neurones cachées, puis récupéré les taux d'erreurs d'apprentissage suivant deux approches : Une approche qui cherche les centres par OLS et poids par gradient et une deuxième approche qui fixe les centres par la même technique et le poids par l'inversion de la matrice.

La deuxième architecture qui cherche à recruter les vecteurs les plus riches en connaissance non encore exploré dans le réseau en utilisant les deux techniques décrites précédemment.

L'avantage de l'architecture incrémentale par rapport à celle fixe est le recrutement automatique des neurones cachés lorsque le système n'est pas performant .En effet, le système suggère une expérimentation pour l'initialisation des paramètres pour l'architecture fixe.

Nous soulignons aussi l'avantage de la méthode du gradient dans le cas ou notre système demande une grande base d'apprentissage.

En vue d'accomplir les inconvénient des algorithmes incrémentaux en terme de nombre de neurones et en terme de temps d'apprentissage nous nous proposons d'utiliser les méthodes d'optimisation avec contraintes car les applications réelles sont souvent affectés par des contraintes.

Ce travail ouvre de nouvelles perspectives dans le domaine du développement constructif de réseaux, parmi celles qui nous semblent prometteuses, nous pouvons citer :

Les algorithmes génétiques comme algorithmes d'apprentissages pour le système neuronal bêta.

Bibliographie

[1] J. Moody and C. Darken. Learning with localised receptive fields. In T. Sejnowski, D. Touretzky, and G. Hinton, editors, Connectionist Models Summer School, Carnegie Mellon University, 1988

[2] Corinna Cortes and Vladimir Vapnik. Support-vector networks. Machine Learning, 20(3):273-297, 1995.

[3] K.R. Mueller, S. Mika, G. Ratsch, K. Tsuda, and B. Scholkopf. An introduction to kernel-based learnig algorithms. IEEE transactions on Neural Networks, 12(2):181-201, 2001.

[4] T. Mitchell. Machine Learning. McGraw-Hill, 1997.

[5] D. S. Broomhead and D. Lowe. Multivariable functional interpolation and adaptive networks. Complex Systems, 2:321-355, 1988.

[6] Njah M., Alimi A M.,Chtourou M.,Tourki R. A Learning Algorithm for the Beta Basis Function Neural network ,2000.

[7] M. Golea and M. Marchand. A growth algorithm for neural network decision trees. Europhysics Letters, 12(3):205_210, 1990

[8] K. Hornik, M. Stinchcombe, and H. White. Multilayer feedforward networks are universal approximators. Neural Networks, 2:359-366, 1989.

[9] J. Park and W. Sandberg. Universal approximation using radial-basis functions Neural Computation, 3:246-257, 1991

[10] J. Park and I. W. Sandberg. Approximation and radial-basis-function networks.Neural Computation, 5(3):305-316, 1993

[11] Tianping Chen and Hong Chen. Approximation capability to functions of several variables nonlinear functionals and operators by radial basis function neural networks. IEEE Transactions on Neural Networks, 6(4):904-910, July 1995.

[12] D.S.Broomhead,and D.Lowe,"Multivariable functional interpolation and adaptative networks"Complex Syst.,vol2.pp321-355,1988.

[13] T. Poggio and F. Girosi. Networks for approximation and learning. Proceedings of the IEEE, 78(9):1481-1497,1990.

[14] J.H Friedman. On bias, variance, 0/1 - loss, and the curse-of-dimensionality. Technical report, Department of Statistics. Stanford
University, 1996.

[15] S. Geman, E. Bienenstock, and R. Doursat. Neural networks andthe Bias/Variance dilemma. Neural Computation, 4(1):1_58, 1992.

51

[16]M. Mézard and J.-P. Nadal. Learning in feedforward layered networks: the tiling algorithm. J. Phys. A: Math. and Gen., 22:2191203, 1989.

[17]M. Frean. The Upstart algorithm: A method for constructing and training feedforward neural networks. Neural Computation, 2(2):198_209, 1990.

[18] Marchand, M. Golea, and P. Ruján. A convergence theorem for sequential learning in two-layer perceptrons. Europhysics Letters, 11:487_492, 1990.

[19]E. Fahlman. Faster-learning variations on back-propagation: an empirical study. In D. Touretzky, G.E. Hinton, and T.J. Sejnowski, editors, Proceedings of the 1988 Connectionist Models Summer School, pages 38_51, San Mateo, CA, 1988. Morgan Kaufman.

[20] S.E. Fahlman and C. Lebiere. The Cascade-Correlation learning architecture. In D.S. Touretzky, editor, Advances in Neural Information Processing Systems, volume 2, pages 524_532, San Mateo, 1990. (Denver 1989), Morgan Kaufmann.

[21] D.E Reilly, L.N. Cooper, and C. Elbaum. A neural model for category learning. Biological Cybernetics, 45:35_41, 1982.

[22] E.A.I. Alpaydin. Neural models of supervised and unsupervised learning. PhD thesis, EPFL 863, Lausanne, Suisse., 1990.

[23] J. Hertz, A. Krogh, and G. Palmer. Introduction to the theorie of Neural Computation. Addison Wesley, Redwood City, CA, 1991.

[24] Njah, M., Alimi, M.A., Chtourou , M. et tourki , R., Algorithm of Maximal Descent AMD for training Radial Basis Function Neural Networks, Proceedings IEEE Conference on Systems, Man and Cybernetics , SMC-2002, Hammamet , Tunisia ,tp1p1 ,2002.

[25]Cho, K. B. et Wang, B .H., Radial Basis function based adaptive fuzzy systems and their applications to system identification and prediction, fuzzy sets and systems ,83,pp.325-339,1996.

[26] Chen, S., Cowan, C.F.N et Grant, P.M. 1991,Orthogonal least square learning algorithm for radial basis function ,IEEE transaction on neural networks ,vol. 2,pp .303-309.

[27] C.M. Bishop. Neural Networks for Pattern Recognition. Clarendon Press, Oxford, England, 1995.

[28]C. Jutten and O. Fambon. Pruning methods: a review. In Michel Verleysen, editor, European Symposium on Arti½cial Neural Networks, pages 365_370, Brussels, 1995. D facto.

[29] A.S. Weigend, D.E. Rumelhart, and B.A. Huberman. Generalization by weight-elimination with application to forecasting. In Richard P. Lippmann, John E. Moody, and David S. Touretzky, editors, Advances in Neural Information Processing Systems, volume 3, pages 875_882. Morgan Kaufmann Publishers, Inc., 1991.

[30] J. Depenau. Automated design of neural network architecture for classification. PhD thesis, EF-448, DAIMI, Computer Science Department, Aarhus University., 1995.

[31] Y. Le Cun, J.S. Denker, and S.A. Solla. Optimal brain damage. In D.S. Touretzky, editor, Advances in Neural Information Processing Systems, volume 2, pages 598_605, San Mateo, 1990. (Denver 1989),Morgan Kaufmann.

[32] B. Hassibi and D.G. Stork. Second order derivatives for network pruning: Optimal Brain Surgeon. In Stephen José Hanson, Jack D. Cowan, and C. Lee Giles, editors, Advances in Neural Information Processing Systems, volume 5, pages 164_171. Morgan Kaufmann, San Mateo, CA, 1993.

[33] M. Cottrell, B. Girard, I. Girard, and M. Mangeras. Time series and neural networks: a statistical method for weight elimination. In Michel Verleysen, editor, European Symposium on Artificial Neural Networks, pages 157_164, Brussels, 1993. D facto.

[34] J. Hérault and C. Jutten. Réseaux neuronaux et traitement du signal. Hermes, Paris, 1994.

[35] Kohonen T., Self-Organizing Maps, Berlin, Germany : Springer Verlag, 1995

[36]Duda R.O., Hart P.E., Pattern classification and scene analysis, New York : Wiley, 1973.

[37] Celeux G., Diday E., Govaert G., Lechevailler Y., Ralambondrainy H., Classification automatique des données, Dunod Informatique, 1981.

[38] Moody J.E., Darken C.J., « *Fast* learning in networks of locally tuned processing units », Neural comput., vol. 1, 1989, p. 281-294.

|39] Bezdek J.C., *Pattern recognition with fuzzy objective Function Algorithms*, New York: [40]Sutanto E.L., Mason J.D, Warwik K., « Mean-tracking clustering algorithm for radial basis function center selection », Int. J. Contr., vol. 67, n° 6, 1997, p. 961-977. Plenum, 1981

[40] Sutanto E.L., Mason J.D, Warwik K., « Mean-tracking clustering algorithm for radial basis function center selection », Int. J. Contr., vol. 67, n° 6, 1997, p. 961-977.

[41]Chen C.L., Chen W.C., Chang F.Y., « Hybrid learning algorithm for Gaussian potential function networks», Proc. Inst. Elect. Eng., pt. D, vol. 140, n° 6, 1993, p. 442-448.

[42]Bors J.A., Pitas I., « Median radial basis function neural network », IEEE Transactions on Neural Networks, vol. 7, 1996, p. 1351-1364, Nov. 96.

[43] Uykan Z., Cuneyt G., Celebi M.E., Koivo H.N., « Analysis of Input-Output Clustering for determining centers of RBFN », IEEE Transactions on Neural Networks, vol. 11, n° 4, 2000, p. 851-858.

[44] Pedrycz W., « Conditional fuzzy clustering in the design of radial basis function neural networks », IEEE Transactions on Neural Networks, vol. 9, 1998, p. 601-612, July 98.

[45] J. Depenau. Automated design of neural network architecture for classification. PhD thesis, EF-448, DAIMI, Computer Science Department, Aarhus University., 1995.

[46] Bernd Fritzke. Supervised learning with growing cell structures. In Jack D. Cowan, Gerald Tesauro, and Joshua Alspector, editors, Advances in Neural Information Processing Systems, volume 6, pages 255_262. Morgan Kaufmann Publishers, Inc., 1994.

[47] S. Mukhopadhyay, A. Roy, L. S. Kim, and S. Govil. A polynomial time algorithm for generating neural networks for pattern classification: Its stability properties and some test results. Neural Computation, 5(2):317_330, 1993.

[48] Mao K.Z., TAN K.C., SER, W., « Probabilistic neural network structure determination for pattern classification », IEEE Transactions on Neural Networks., vol. 11, n° 4, 2000, p. 1009-1016.

[49] Whitehead B.A., Choate, T.D., « Cooperative-Competitive genetic evolution of radial basis function centers and widths for time serious prediction », IEEE Transactions on Neural Networks., 1996, vol. 7, n° 4, p. 869-880.

[50] Robert E. & Parkin . Applied Robotic Analysis. Editeur : Prentice Hall (1991).

[51] M. Boumahrat & A. Gourdin . Méthodes Numériques Appliquées. Edition : OPU. (Réimpression 1993).

Annexe

Les calculs sont développés ici pour l'ajustement de la sortie d'un seul vecteur de la base d'apprentissage. Pour une optimisation globale – Sur tous les vecteurs de la base -, il suffit d'ajouter aux équations finales le symbole de sommation $\displaystyle\sum_{all-patterns}$. La fonction erreur E à minimiser est celle de l'équation suivante :

$$E = \sum_{p=1}^{P}\left(\frac{1}{2}\sum_{p=1}^{n-out}(t_p(j)-y_p(j))^2\right)$$

1) Δw_{ij} : Le poids de la connexion entre le $i^{éme}$ nœud caché et le $j^{éme}$ nœud de sortie :

$$\Delta w_{ij} = -\eta\frac{\partial E}{\partial w_{ij}} = -\eta\frac{\partial E}{\partial y_j}\frac{\partial y_j}{\partial w_{ij}}$$

$$\frac{\partial E}{\partial y_i} = -(t_j - y_j) \quad\text{et}\quad \frac{\partial y_j}{\partial w_{ij}} = \beta_i$$

Ainsi, $\qquad \Delta w_{ij} = \eta(t_j - y_j)\beta_i$

2) Δx_{ck}^{i} : Le centre de la $k^{éme}$ composante de la fonction d'activation bêta du $i^{éme}$ nœud caché.

$$\Delta x_{ck}^{i} = -\eta\frac{\partial E}{\partial x_{ck}^{i}} = -\eta\sum_{j=1}^{output-dim}\frac{\partial E}{\partial y_j}\frac{\partial y_j}{\partial \beta_i}\frac{\partial \beta_i}{\partial \beta_k^{i}}\frac{\partial \beta_k^{i}}{\partial x_{ck}^{i}},$$

$$\frac{\partial y_j}{\partial \beta_i} = w_{ij}$$

$\beta_i = \displaystyle\prod_{k=1}^{input-dim}\beta_k^{i}$; où input-dim est la dimension de l'espace d'entrée, et β_k^{i} est la $k^{éme}$ composante de la fonction d'activation bêta du $i^{éme}$ nœud caché. On a alors :

$$\frac{\partial \beta_i}{\partial \beta_k^{i}} = \prod_{s\neq k}\beta_s^{i}$$

Pour le calcul de $\dfrac{\partial \beta_k^{i}}{\partial x_{ck}^{i}}$, nous allons nous référer à la formulation suivante de la fonction bêta :

$$\beta(x,x_c,D,p,q) = \left(1+\frac{(p+q)(x-x_c)}{pD}\right)^{p}\left(1-\frac{(p+q)(x-x_e)}{qD}\right)^{q}$$

$$\frac{\partial \beta_k^i}{\partial x_{ck}^i} = -p_k^i \left(1 + \frac{(p_k^i + q_k^i)(x_k - x_{ck}^i)}{p_k^i D_k^i}\right)^{p_k^i - 1} \left(1 - \frac{(p_k^i + q_k^i)(x_k - x_{ck}^i)}{q_k^i D_k^i}\right)^{q_k^i} \frac{(p_k^i + q_k^i)}{p_k^i D_k^i} +$$

$$q_k^i \left(1 + \frac{(p_k^i + q_k^i)(x_k - x_{ck}^i)}{p_k^i D_k^i}\right)^{p_k^i} \left(1 - \frac{(p_k^i + q_k^i)(x_k - x_{ck}^i)}{q_k^i D_k^i}\right)^{q_k^i - 1} \frac{(p_k^i + q_k^i)}{q_k^i D_k^i}$$

$$\frac{\partial \beta_k^i}{\partial x_{ck}^i} = (p_k^i + q_k^i)\beta_k^i(q_k^i A_k^i - p_k^i B_k^i)$$

$$\beta_i = \left(\prod_{s \neq k} \beta_s^i\right) * \beta_k^i$$

Alors, $\Delta x_{ck}^i = \eta \beta_i (q_k^i + p_k^i)(q_k^i A_k^i - p_k^i B_k^i)S_i$;

A_k^i, B_k^i et S_i étant formulés comme suit :

$$A_k^i = A_k^i(x) = \frac{1}{q_k^i D_k^i - (p_k^i + q_k^i)(x_k - x_{ck}^i)}; \quad B_k^i = B_k^i(x) = \frac{1}{p_k^i D_k^i + (p_k^i + q_k^i)(x_k - x_{ck}^i)};$$

$$S_i = \sum_{j=1}^{n-out}(t_j - y_j)w_{ij} \ .$$

3) ΔD_k^i : L'ouverture de la k^{éme} composante de la fonction d'activation bêta du i^{éme} nœud caché.

$$\Delta D_k^i = -\eta \frac{\partial E}{\partial D_k^i} = -\eta \sum_{j=1}^{output-\dim} \frac{\partial E}{\partial y_j} \frac{\partial y_j}{\partial \beta_i} \frac{\partial \beta_i}{\partial \beta_k^i} \frac{\partial \beta_k^i}{\partial D_k^i}$$

$$\frac{\partial \beta_k^i}{\partial D_k^i} = -p_k^i \left(1 + \frac{(p_k^i + q_k^i)(x_k - x_{ck}^i)}{p_k^i D_k^i}\right)^{p_k^i - 1} \left(1 - \frac{(p_k^i + q_k^i)(x_k - x_{ck}^i)}{q_k^i D_k^i}\right)^{q_k^i} \frac{(p_k^i + q_k^i)(x_k - x_{ck}^i)}{p_k^i D_k^{i^2}} +$$

$$q_k^i \left(1 + \frac{(p_k^i + q_k^i)(x_k - x_{ck}^i)}{p_k^i D_k^i}\right)^{p_k^i} \left(1 - \frac{(p_k^i + q_k^i)(x_k - x_{ck}^i)}{q_k^i D_k^i}\right)^{q_{k-1}^i} \frac{(p_k^i + q_k^i)(x_k - x_{ck}^i)}{q_k^i D_k^{i^2}}$$

$$\frac{\partial \beta_k^i}{\partial D_k^i} = \frac{(p_k^i + q_k^i)(x_k - x_{ck}^i)\beta_k^i(q_k^i A_k^i - p_k^i B_k^i)}{D_k^i}$$

Ainsi, $\Delta D_k^i = \eta \beta_i \frac{(x_k - x_{ck}^i)}{D_k^i}(p_k^i + q_k^i)(q_k^i A_k^i - p_k^i B_k^i)S_i$

4) Δp_k^i : Premier paramètre de forme de la composante k de la fonction d'activation bêta :

$$\Delta p_k^i = -\eta \frac{\partial E}{\partial p_k^i} = -\eta \sum_{j=1}^{output-put} \frac{\partial E}{\partial y_j} \frac{\partial y_j}{\partial \beta_i} \frac{\partial \beta_i}{\partial \beta_k^i} \frac{\partial \beta_k^i}{\partial p_k^i}$$

$$\frac{\partial \beta_k^i}{\partial p_k^i} = \left(\ln\left(1 + \frac{(p_k^i + q_k^i)(x_k - x_{ck}^i)}{p_k^i D_k^i} \right) - \frac{q_k^i(x_k - x_k^i)}{p_k^i D_k^i + (p_k^i + q_k^i)(x_k - x_{ck}^i)} \right) \beta_k^i -$$

$$q_k^i \left(1 + \frac{(p_k^i + q_k^i)(x_k - x_{ck}^i)}{p_k^i D_k^i} \right)^{p_k^i} \left(1 - \frac{(p_k^i + q_k^i)(x_k - x_{ck}^i)}{q_k^i D_k^i} \right)^{q_k^i - 1} \frac{(x_k - x_{ck}^i)}{q_k^i D_k^i}$$

En effet, $\dfrac{\partial a^x}{\partial x} = \left(\ln(a) + \dfrac{x}{a}\dfrac{\partial a}{\partial x} \right) a^x$

$$\frac{\partial \beta_k^i}{\partial p_k^i} = \beta_k^i \left(\ln\left(\frac{1}{B_k^i p_k^i D_k^i} \right) - q_k^i(x_k - x_{ck}^i)(A_k^i + B_k^i) \right)$$

On a alors : $\Delta p_k^i = \eta \beta_i \left(\ln\left(\dfrac{1}{B_k^i p_k^i D_k^i} \right) - q_k^i(x_k - x_{ck}^i)(A_k^i + B_k^i) \right) S_i$

5- Δq_k^i : Deuxième paramètre de forme de la composante k de la fonction d'activation bêta.

$$\Delta q_k^i = -\eta \frac{\partial E}{\partial q_k^i} = -\eta \sum_{j=1}^{output\ put} \frac{\partial E}{\partial y_j} \frac{\partial y_j}{\partial \beta_i} \frac{\partial \beta_i}{\partial \beta_k^i} \frac{\partial \beta_k^i}{\partial q_k^i}$$

$$\frac{\partial \beta_k^i}{\partial q_k^i} = \left(\ln\left(1 - \frac{(p_k^i + q_k^i)(x_k - x_{ck}^i)}{q_k^i D_k^i} \right) + \frac{p_k^i(x_k - x_k^i)}{q_k^i D_k^i - (p_k^i + q_k^i)(x_k - x_{ck}^i)} \right) \beta_k^i +$$

$$p_k^i \left(1 + \frac{(p_k^i + q_k^i)(x_k - x_{ck}^i)}{p_k^i D_k^i} \right)^{p_k^i - 1} \left(1 - \frac{(p_k^i + q_k^i)(x_k - x_{ck}^i)}{q_k^i D_k^i} \right)^{q_k^i} \frac{(x_k - x_{ck}^i)}{p_k^i D_k^i}$$

$$\frac{\partial \beta_k^i}{\partial q_k^i} = \beta_k^i \left(\ln\left(\frac{1}{B_k^i q_k^i D_k^i} \right) + p_k^i(x_k - x_{ck}^i)(A_k^i + B_k^i) \right)$$

En conséquence, $\Delta q_k^i = \eta \beta_i \left(\ln\left(\dfrac{1}{B_k^i q_k^i D_k^i} \right) + p_k^i(x_k - x_{ck}^i)(A_k^i + B_k^i) \right) S_i$

ALGORITHMES D'APPRENTISSAGE INCREMENTAUX DU SYSTEME NEURONAL BETA

Habib DHAHRI

الخلاصة: تناولنا في هذا التقرير قسمين رئيسين، تم الاهتمام في القسم الأول بتحديد عدد النورونات في بداية المرحلة التعليمية و يكون ضبط ثوابت الشبكة عن طريق نموذج مقترح.

و تم الاهتمام في القسم الثاني بالبنية التدرجية. وفي هذ ه المرحلة نعتمد عل نورونات جديدة كل مرة لا نصل فيها إلى القدرة المرجوة للشبكة.

Résumé : Dans ce rapport nous avons développé deux parties principales. Dans la première partie, on a fixé le nombre de neurones au départ de la phase de l'apprentissage, puis les autres paramètres du réseau sont déterminés par l'algorithme proposé.

La deuxième partie concerne l'architecture incrémentale, dans cette partie on recrute de nouveaux neurones chaque fois qu'on n'a pas la performance désirée du réseau.

Abstract: In this report, I developed two main parts. The first part consists in fixing the number of neuron on the beginning of training phase, and then the parameters of the network are determined by the proposed algorithm.

The second part concerns the incremental architecture, in this part a new neurons are recruited every time we do not have the network desired performance.

المفاتيح : نماذج قارة, نماذج تعليمية تدريجية , مقاربة مثالية

Mots clés : algorithmes fixes, algorithmes incrémentaux, approximation universelle.

Key-words: stationary algorithms, incremental algorithms, approximation universal.